防災福祉コミュニティ形成のために

実践編

—公助をベースとした自助・互助・共助—

川村 匡由 著

大学教育出版

はじめに

災害対策は災害対策基本法にもとづき、政府と自治体による公的責任としての公助がベースである。

しかし、だからといって行政任せだけでは国民・住民の生命や財産、生活を守れないことは、災害の発生の原因やメカニズムの事前の把握がいまだに困難な面もあるほか、その情報の伝達や受信の齟齬《そご》、通信機能の不全、危機管理の不足などによって未然に防いだり、減災にしたりすることが困難な場合もないわけではない。

現に、たとえば地震の予知について困難という研究者も少なくなく、毎年、３００億円前後も計上されている政府の地震予知研究関連の予算はいかがなものか、との指摘さえ一部で聞かれている。また、東日本大震災（東北地方太平洋沖地震）で児童・生徒、教職員計84人が宮城県石巻市の指定した新北上川の避難場所に避難し、津波に襲われて死亡したため、遺族が市と県を相手取り総額約22億６０００万円を求める損害賠償を仙台地方裁判所に提訴、同14億３０００万円の支払いを命ずる判決を勝ち取ったものの、市と県はこれを不服として仙台高等裁判所に控訴、同高裁は同１０００万円を積み増した判決を下したが、市と県はこれも不服とし、最高裁判所に上告、2018（平成30）年8月現在、係争中である。

一方、同じ東日本大震災で、岩手県釜石市の小・中学校の児童・生徒は明治、昭和と続いた三陸沖地震を教訓に、先人たちの遺訓である「津波てんでんこ」に従い、近くの裏山や高台に避難した結果、99・8％の生存率を記録した。このため、「行政に全幅の信頼を寄せるのではなく、まずは自分の命を最優先し、高台など安全な場所に避難すべきだ」との称賛の声があがっている。

ましてや、日本では有史以来、各地で災害が繰り返し起きており、その都度、貴《とうと》い生命や財産、生活を失っているものの、歴代の自民党などの政権は戦後約70年経った今なお対米従属、政官財の癒着《ゆちゃく》による土権型公共事業や防衛費の増額などを優先、災害対策や社会保障は二の次、三の次というのが実態である。そればかりか、東京電力福島第一原子力発電所事故ではだれも責任をとらず、鹿児島県の九州電力川内《せんだい》原発などを相次いで再稼働させている。

そこで、筆者は江戸中期、上野国吾妻郡鎌原《かんばら》村（現群馬県吾妻郡嬬恋村鎌原地区）の浅間山「天明の大噴火」被災地の生存者の自助や互助、周辺の村の名主の共助を教訓に、全国どこででも政府と自治体の公的責任としての公助をベースにしながらも国民・住民も自助や互助、共助に取り組むとともに、万一、災害に見舞われたらどのように生命や財産、生活を守り、かつ被災地の復旧・復興のための共助に努めるべきか、防災福祉コミュニティの形成のため、その実践編としてまとめたのが本書である。

その意味で、既刊の『地域福祉源流の真実と防災福祉コミュニティ』『地方災害と防災福祉コミュニティ』『大都市災害と防災福祉コミュニティ』の三部作と併せ、お読みいただければ幸いである。

最後に、本書の上梓にあたっても先の三部作と同様、その編集の労をとっていただいた大学教育出版社長の佐藤守および社彩香の両氏に対し、貴重な紙面をお借りして深く感謝したい。

2018（平成30）年　初秋

川村　匡由

防災福祉コミュニティ形成のために　実践編

――公助をベースとした自助・互助・共助――

目次

第1章　災害の種類と発生の原因

1　災害の種類

(1) 自然災害

災害対策は政府と自治体の公的責任としての公助をベースにしながらも、国民・住民もそれぞれの地域特性や過去の災害の有無、周辺の生活環境などを把握し、自助や互助、共助に努めることが重要だが、その前提としてまず災害そのものを知るべく、その種類と発生の原因について述べたい。

災害というと、だれもがまず地震や津波、高潮、液状化、台風や豪雨、洪水、河川の氾濫《はんらん》、土砂災害などの風水害、火山噴火などを思い浮かべるかもしれないが、これらは自然災害である。なぜなら、基本的にはいずれも人為的ではなく、文字どおり、自然現象による災害だからである。

写真1－1　急傾斜地の宅地開発は典型的な「人災」
（土砂災害の被災地の広島市郊外にて）

現に、被災者生活再建支援法第2条第1号によると、災害とは「暴風、豪雨、豪雪、洪水、高潮、地震、津波、噴火その他の異常な自然現象により生ずる被害」と定めている。このため、自然災害は「天災」ともいわれているが、その種類や原因、被災の内容、程度、家屋の損壊などの原因が人為的なものにより生ずる場合もあるため、「天災」と即、断言できないこともある。なぜなら、自然災害でも人間の故意や過失によって起きることもあるため、人為的災害、言い換えれば「人災」ともいえる場合もあるからである。

たとえば、沖縄や九州、四国地方は〝台風銀座〟といわれているが、毎年のように台風や豪雨、洪水などの風水害を受けているのは災害対策が十分行われていないからで、このような年中行事化した災害はもはや「天災」ではなく、「人災」といわざるを得ない。2014（平成26）年、折からの集中豪雨によって急傾斜地の住宅地に土石流が襲い、災害関連死を含む住民77人が犠牲となった「広島土砂災害」はその典型的なケースである（写真1―1）。

（2）人為的災害

これに対し、人間が引き起こした事故や自然破壊、環境汚染、殺人やテロ、戦争などの有事、強奪、放火、暴力、自動車や列車、電車、船舶、航空機事故、ダムや堤防の決壊、火災、爆発、原子力災害など人間の故意や過失による災害は人為的災害という。なぜなら、これらの災害は自然現象による「天災」ではなく、人為的な原因によって生じる「人災」だからである（図表1―1）。

その象徴が2011（平成23）年、マグニチュード（M）9・09、震度7、高さ15メートルを超える津波のため、岩手、宮城、福島県で死者1万5893人、行方不明者2553人、震災関連死3523人と史上最大規模になった東日本大震災の際、宮城県石巻市の大川小学校の児童・生徒が津波に追いつかれ、犠牲となった津波災害で、遺族が県と市を相手取り、仙台地裁に損害賠償を求める裁判を起こし、その原因の解明や市、県の責任の追及、賠償額をめぐる仙台地方裁判所の判決を不服とし、仙台高等裁判所の控訴審、さらに最高裁判所の上告審で係争中である。

また、同県南三陸町では町の職員や住民計43人が町の防災総合庁舎にとどまったものの、津波に飲み込まれたため、遺族が被災の原因は町長の高台への避難指示がなく、「人災」だったとして業務上過失致死の疑いで南三陸署に告訴している。さらに、岩手県釜石市では津波に襲われた住民が地区防災センターを避難所と思って逃げ込み、200人以上が亡くなったため、一部の遺族が市を相手取り、約1億8000万円の損害賠償を求め、盛岡地方裁判所に提訴、同地裁は2017（平成29）年4月、「地区防災センターが避難場所でないむね広報していたため、市に責任はない」との判決を下し、仙台高裁へ控訴する事態となっている。

なお、被害の程度や規模、広がりが著しい災害を「大規模災害」、あるいは「広域災害」、また、自然災害と人為的災害、さらにはこれらの災害が複数に重なった場合、「複合災害」ともいわれているが、いずれも関係法令によって定義されたものではない。

図表1－1　災害の種類

自然災害	地震 津波、高潮、液状化 台風や竜巻、豪雨、豪雪、洪水、土砂災害などの風水害、 火山噴火
人為的災害	殺人 テロ 戦争 強奪 放火 暴力 自動車・列車・電車・船舶・航空機事故、ダム・堤防の 決壊、火災、爆発、原子力災害など

（出典：筆者作成）

もう一つ、地震や火災などとの関係上、建物の耐震化は１９８１（昭和56）年、「震度６強〜７でも倒壊しない」むね「新耐震基準」、その後、「新々耐震基準」に改められ、現在に至っているが、建物は自治体や建築主、所有者などと異なる場合が多いため、その徹底は必ずしも十分ではない。このため、災害時、被災者の救出や捜索、生活再建、支援物資の受け入れや仕分け、配給などに支障が出るおそれもあることはＭ７・３、震度７で死者50人、災害関連死者１４５人など計２０４人、建物の全・半壊計19万８９９８戸となった２０１７（平成29）年の熊本地震でも明らかである。

ただし、政府は１９９５（平成７）年、Ｍ７・３、震度７で死者・行方不明者約６５００人、災害関連死者９１９人、建物の全・半壊計24万９１８０戸、ピーク時の避難者約32万人を出した阪神・淡路大震災（兵庫県南部地震）を機に「想定外」などの言葉を唐突に言い出し、「災害は避けては通れない」「事前の災害の想定などできない」「本人の責任」、挙句《あげく》の果ては「被災地が東北でよかった」などとの暴言まで飛び出し、閣僚が辞職したのは当然で、このような議員を閣僚にした総理大臣の任命責任も問われる(1)。

いずれにしても、「想定外」などと言い出す政府の認識でも明らかなように、政府や自治体の災害対策が不徹底のため、国民・住民が平常時から防災福祉コミュニティの形成に取り組まなければ、政府と自治体の公的責任としての公助をベースとした自助、互助、共助による防災および災害時の被災者の救出や捜索、生活再建など減災や復旧・復興を果たすことはできない。なぜなら、たび重なる「人災」はこのような背景から繰り返して起きているからである。

2　災害の発生の原因

(1)　地　震

地震は、地球の内部で互いに沈み込み合っている複数のプレート（岩板）の活動が耐えきれなくなった際、生ずる反動で起きる地殻の変動である。これらのプレートの境界付近や沈み込むプレート内、また、陸域の浅い所で過去に何度も地震が発生し、甚大な被害を及ぼしているが、これらの地域を震源域という。

ちなみに、日本列島では地下30～100キロメートルの海溝でフィリピン海プレートが260万年前から繰り返しており、そのたびに地震が起きている。しかも、このフィリピン海プレートが海側から陸側の太平洋プレートに年間数センチずつ沈み込んでいるため、陸側の地殻がその沈み込みに耐えきれなくなってズレが生じ、その反動で太平洋プレートが振動し、地震を起こしている（図表1―2）。

ところが、政府はその予知は不可能としているものの、毎年300億円前後も予算化している

図表1-2　地震のメカニズム

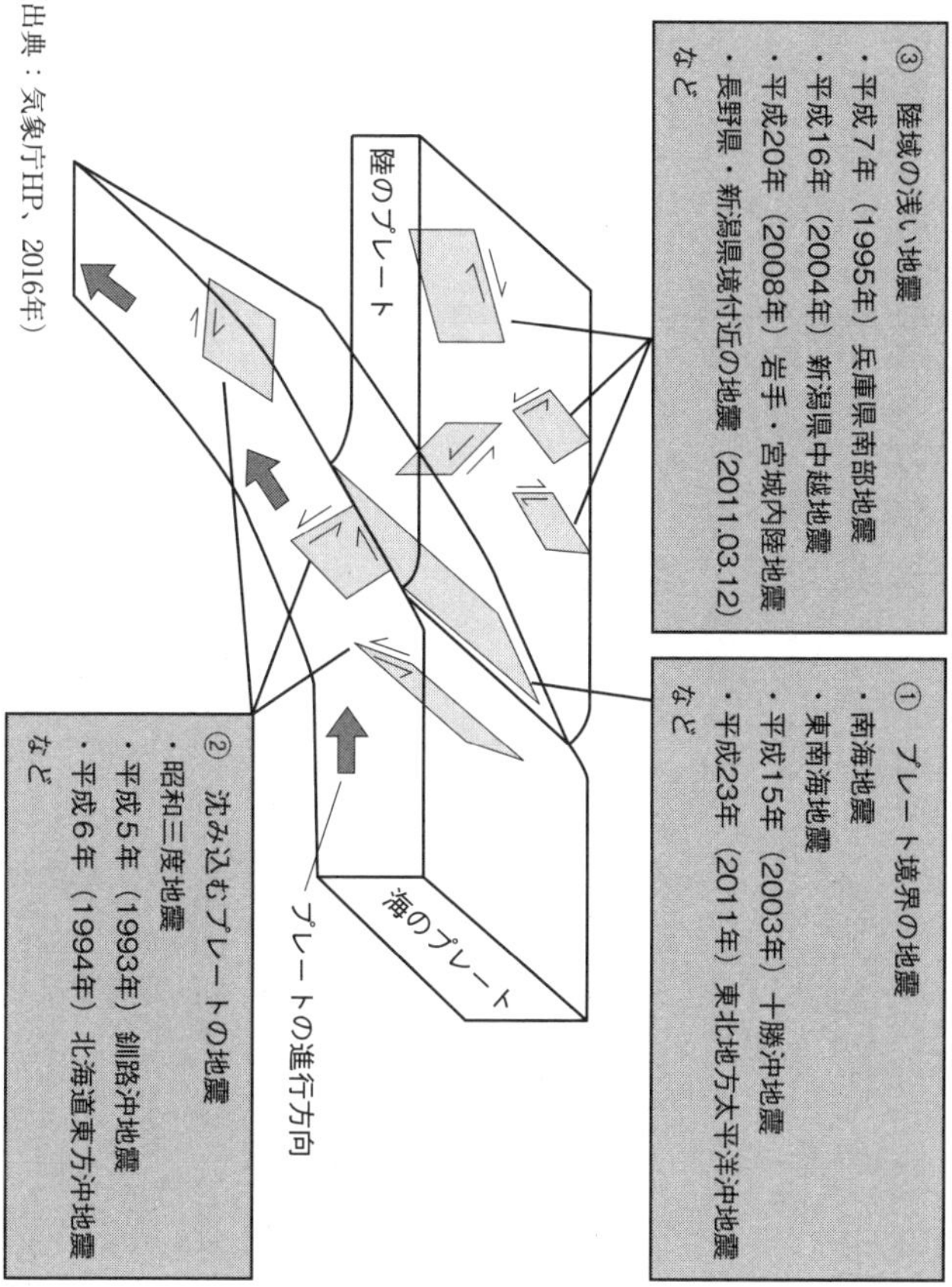

（出典：気象庁HP、2016年）

ため、無駄だと指摘する声も聞かれるが、研究者のなかには地鳴りや発光現象、動植物の行動などの予兆もあるため、予知は可能だとの意見もある。

　それはともかく、１９７７年から２０１２年にかけ、M５以上の地震が発した世界の震源域をみると、アリューシャン列島をはさみ、西は海峡から日本列島、中国東北部、ベンガル湾沿岸諸国、インドネシア、ニュージーランド、さらにはイタリア南部、中東まで、東はカナダからサンフランシスコ、ロサンゼルス、メキシコ、マイアミ、キューバ、ペルー、チリまで分布している（図表１―３）。

　では、日本の震源域はどのようになっているのであろうか。

　政府の地質調査研究推進本部が２０１７（平成29）年４月に公表した「全国地震動予測地図」によると、日本は全世界の１％に満たない狭い国土だが、震源域は同１割ある。それも今後、30年以内に震度５弱以上の地震が26％以上の確率で発生するおそれがある地域は北海道・釧路から帯広、仙台、水戸、千葉市、東京都、横浜、静岡市、愛知、三重、和歌山、香川、高知、愛媛県にかけてあり、過去に何度か地震が繰り返し、発生している。

　そこで、今のところ、これといった震源域が見当たらない群馬、岡山県以外、国内のどこで、いつ地震が起きても不思議ではないといわれている（図表１―４）。

　一方、この震源域と表裏一体にある断層帯は地下にある固い岩の層に大きな力が加えられると

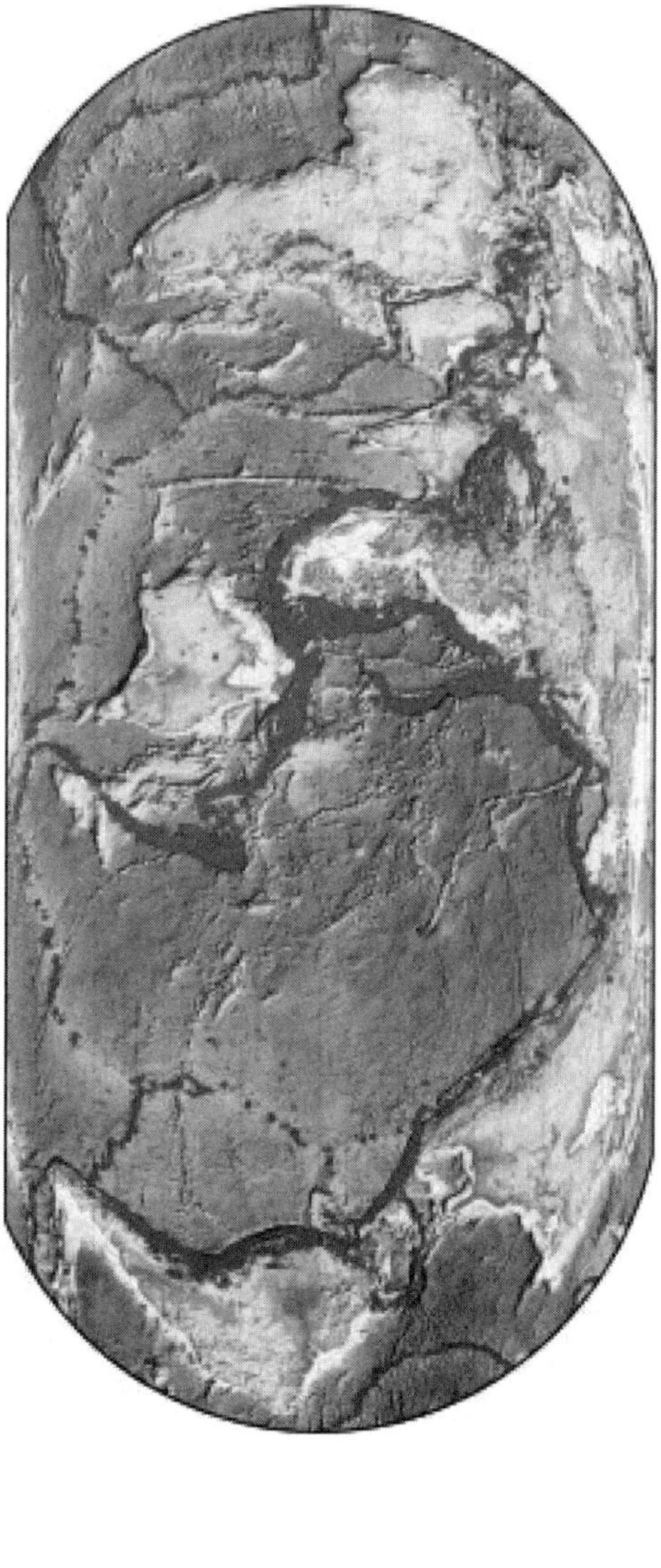

図表1−3　世界の震源の分布（黒い部分）

（出典：地質調査研究推進本部HP、2017年）

図表1-4　震度6弱以上の震源域（濃い部分）

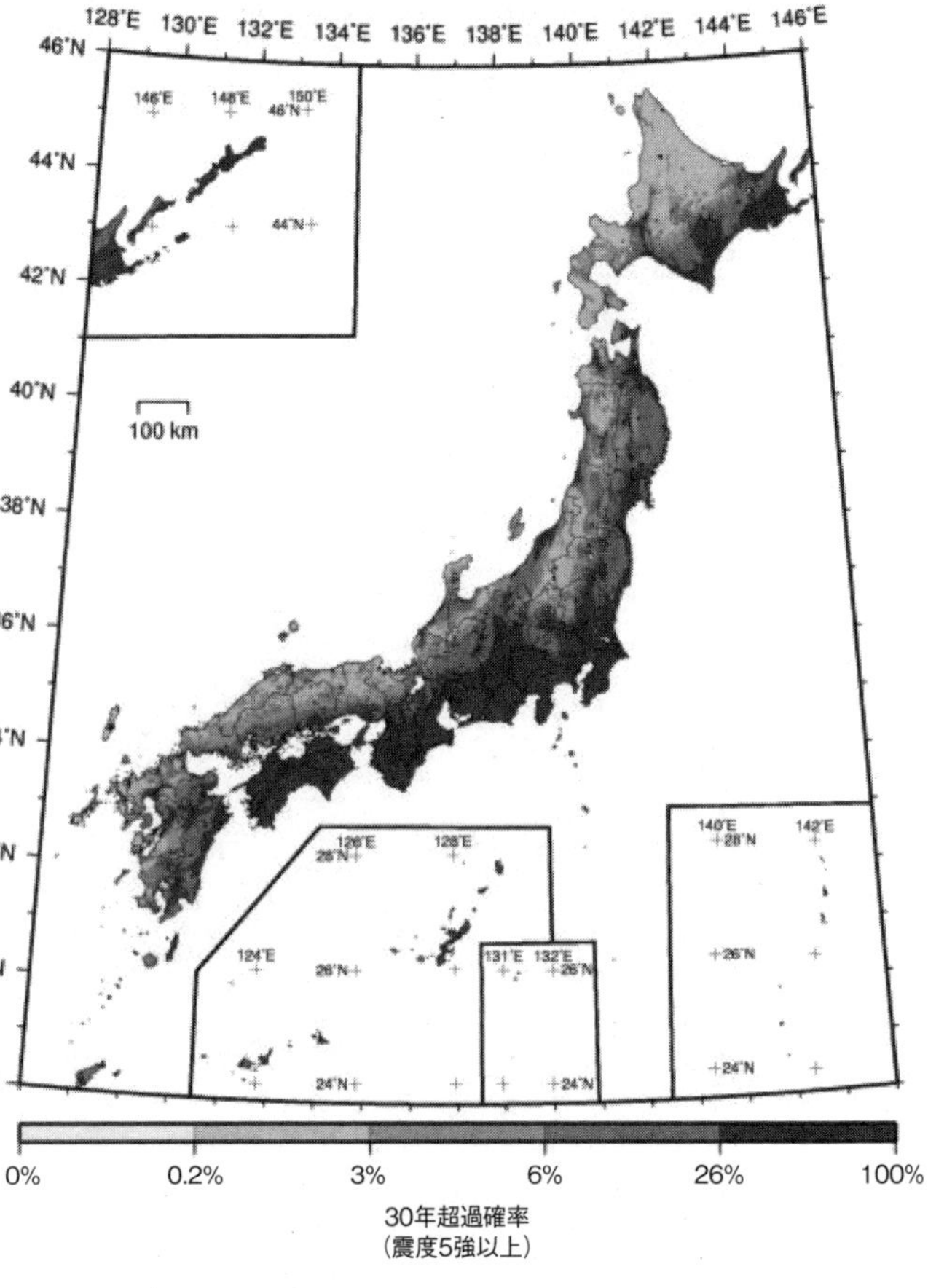

（出典：地質調査研究推進本部HP、2017年）

図表1-5　災害の種類

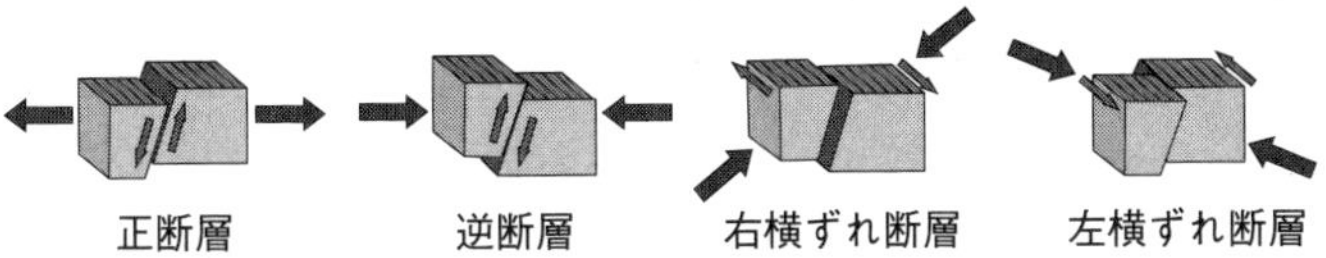

断層の種類	特　徴
正　断　層	傾斜した断層面に沿って上盤（断層面より上側の地盤）が、「ずり下がった」もの
逆　断　層	傾斜した断層面に沿って上盤（断層面より上側の地盤）が、「ずり上がった」もの
右横ずれ断層	相対的な水平方向の変位で断層面に向かって手前側に立った場合、向こう側の地塊が「右」にずれたもの
左横ずれ断層	相対的な水平方向の変位で断層面に向かって手前側に立った場合、向こう側の地塊が「左」にずれたもの

（出典：国土地理院HP、2016年）

壊れ、ズレる割れ目で、このうち、とくに数十万年前以降に繰り返して活動し、かつ将来も活動すると考えられるものを活断層という。このズレた衝撃が震動として地面に伝わり、地震となる。

しかも、活断層にかかる力のもとはプレートの運動で、その向きや速さ、活断層にかかる力は長期的には変わらない。このため、活断層の活動は基本的には同じ動きが繰り返される。

また、活断層の周辺の地形はこのように繰り返された地殻変動の累積に伴い、形成されたもので、地形を見ることによりその動きの特徴を把握することができる。さらに、活断層が１回動いて生じるズレが数メートルであっても、それが繰り返されるとズレの量は累積し、かつその速さは断層ごとに大きな差がある。このため、断層の長さが長いものほど大きな地震を起こす可能性があるといわれている（図表1―5）。

このような活断層は国内に少なくとも2000以上あるため、M6・8以上の地震は過去125年間で6年に1回程度の割合で起きている。とくに日本列島は約2000万年前、地球の造山運動や地殻変動などによってユーラシア大陸から分離してできたので岩盤が柔らかく、かつ不安定とされているため、群馬、岡山県を除けばどこでも同規模の地震は避けられないといわれている（図表1―6）。

ちなみに、2017（平成29）年、M7・3、震度7を記録した熊本地震は布田《ふた》川断層帯と日奈久《ひなぐ》断層帯が互いに東西にズレて起きたもので、本震よりも余震の方が震度が大きかったが、この影響で震源地より約100メートル圏内の木造住宅が倒壊した半面、まったく損傷のなかった木造住宅もあった。これは地下約100メートルにあった表層地盤の強弱の違いによるものだった。このため、国立研究開発法人防災科学技術研究所はこのような表層地盤は関東地方だけでも約5000か所あり、かつ現在想定されている首都直下地震の際、揺れが1・5倍以上に増幅する可能性があるとみて調査を続けている。

また、東日本大震災では千葉県浦安市の住宅地が液状化し、住宅などが傾いたり、不等沈下したり、マンホールが浮き上がったりした。首都圏の超高層ビルは長周期地震動により左右に1～2メートルも揺れ、居合わせた人たちは立っていられなくなったが、このような液状化や長周期

図表1-6　国内にある活断層の位置

（出典：国土地理院HP、2018年）

地震動は2020年に開催される東京五輪を見越し、ここ数年、建設ラッシュとなっている湾岸地区の超高層ビルやタワーマンション（タワマン）でも首都直下地震などで同様の現象が予想されている。

(2) 津　波

津波は、海底の下で発生した地震で海底や海面が盛り上がったり、沈んだりして海面が大きな波となって沿岸を襲う現象で、震源の真上にあるため、発生するのではない。

　また、津波は海が深いほど速く伝わる半面、水深が浅くなるほど速度が遅くなるため、津波が陸地に近づくにつれ、あとからくる波が前の津波に追いつき、波高が高くなる。しかも、津波は繰り返し襲ってくるため、警報や注意報が解除されるまで気を緩めることができない（図表1−7）。

　津波と普通の波の一番の大きな違いは波長、すなわち、波の峰とこの峰の間の長さの違いによる。普通の波の場合、素人が見て数えることもできるが、津波の場合、一番高い所から低い所まで数分から数十分かかるため、津波は波というよりも海面の急な変動のようなものである。

図表1−7　津波のメカニズム

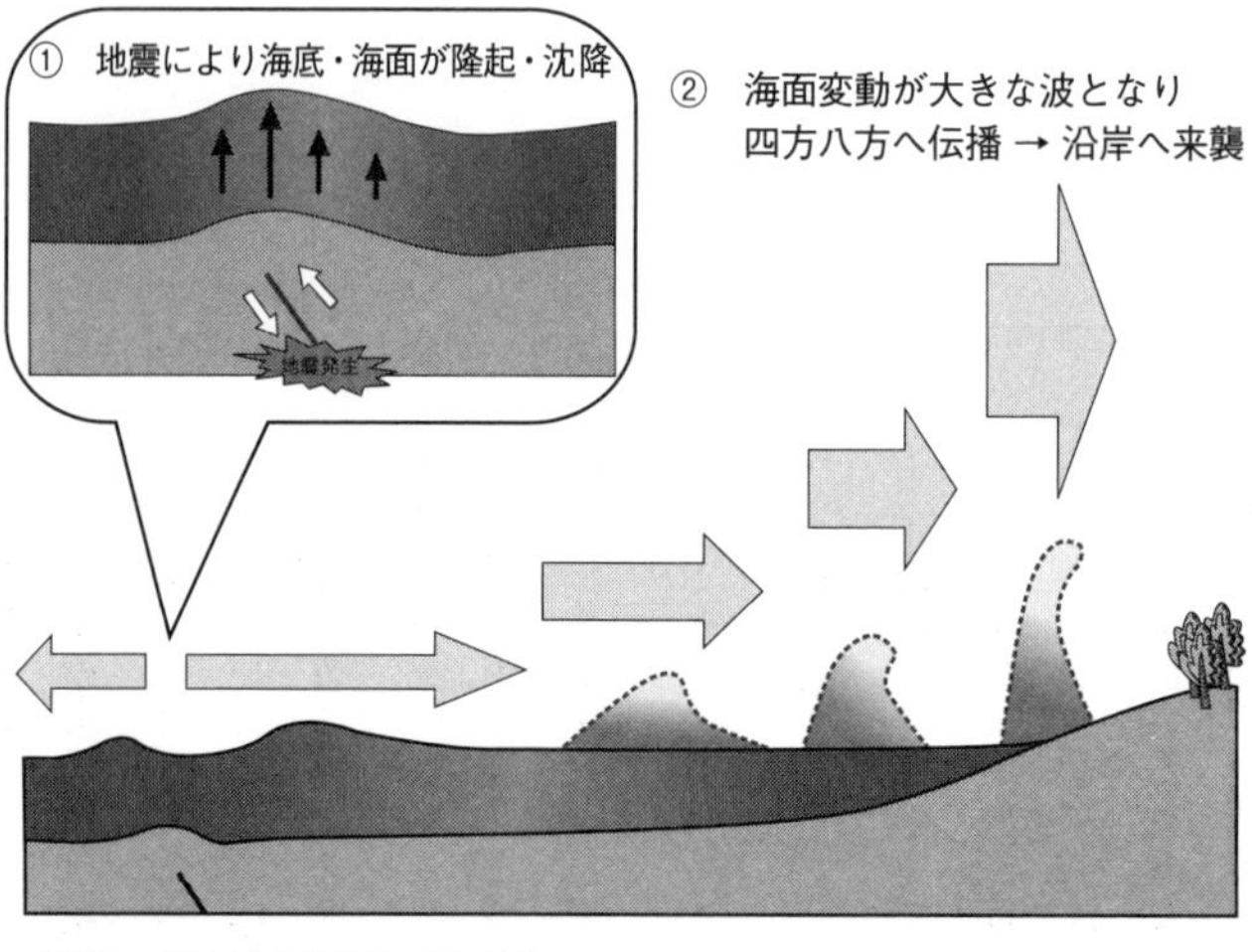

（出典：国土地理院HP、2016年）

また、普通の波は表面の近くの海水だけの動きだが、津波の場合、変動した海底から海面までのすべての海水が塊となり、居合わせた船や木などを根こそぎ巻き込むため、その破壊力は普通の波の比ではない。しかも、波長が長いため、波の高い状態が長時間続くのが一般的であるところで、「津波予報」でいう「津波の高さ」とは海岸での通常の海水面から波の峰までの高さのことを指す。これに対し、普通の波は波高、すなわち、波の峰から谷までの高さをいうため、津波の高さが5メートルとは台風などの普通の波でいう波高10メートルに相当する。

また、浅い地震では通常、M6・5以上だと津波が発生するが、水深が浅い所では遅くなるといってもそのスピードが速いため、津波に気づき、あわてて逃げようとしても逃げ切れるものではない。それも第一波よりも第二波、第三波の方が高い場合もある。当然のことだが、満潮時と重なると津波の高さもその分、高くなるが、寄せ波よりも引き波の方が人間や建物、自動車などを一気に飲み込んでさらうため、注意が必要である。

現に、東日本大震災による津波の寄せ波は海水ごと沿岸を襲った。また、引き波のとき、海岸線の海底が陸側から見えるほど海底まで引き寄せたため、漁港に停めてあった漁船や水産工場、店舗、住宅、自動車などすべてを飲み込み、沖へさらうなどこの世とは思えない光景となり、被災者を震撼させたことは記憶にまだ新しい。

その被災地の一つ、東日本大震災の津波で873人と全町民の約1割が犠牲となった宮城県女《おな》

写真1−2　「世界津波の日」サミットが開催された黒潮町
（同町の津波避難タワーにて）

川《がわ》町の場合、引き波のスピードは最大で時速約42キロメートルを記録し、寄せ波から引き波に変わった20分後、重さ約600万トンもの引き波により、住宅から冷蔵庫、物置、自動車が高さ6メートルの防潮堤を乗り越え、湾内から外海にごっそり持って行かれた。その光景に「ナイアガラの滝のように恐ろしかった」と、被災者の声が聞かれたほどだった。

そこで、政府はその危険性を国際社会に伝えた結果、2015年、国際連合（国連）で毎年11月5日を「世界津波の日」と定めることが採択され、「ツナミ」は世界共通の言葉になった。そして、翌2016（平成28）年11月25日、南海トラフ巨大地震で最大34・4メートルの津波が襲うとされている高知県黒潮町で「『世界津波の日』高校生サミット in 黒潮」が開催され、高校生も津波の怖さを学んだ（写真1—2）。

（3）風水害

風水害は暴風や豪雨、豪雪、洪水、河川の氾濫、土砂災害などによる水害の総称だが、その代表である台風は赤道よりも北の西大西洋や南シナ海で、周りのほかの海上と比べ、海水の温度が異常に高くなって空気の渦ができて上昇し、上空の雲が成長するにつれ、より大きな渦となって熱帯低気圧が発生、中心の気圧が1000ヘストパスカル未満で、中心付近の最大風速が秒速17・2メートル以上、70メートル未満のものをいう。その高さは海上から平均約10〜15キロメートルで、反時計回りに巻きながら暴風や強風とともに大量の雨をもたらし、アメリカなどでは「ハリケーン」や「サイクロン」などという。

また、中心付近の最大風速が秒速70メートル以上に達すると「スーパー台風」といい、周囲の気圧配置や地形などによって進行方向が変わる（図表1―8）。

台風は毎年6〜9月に4〜5個、本州に接近、または上陸しているが、とくに9月は勢力が増した太平洋高気圧に誘導され、本州付近に接近、または上陸するおそれがあるため、十分な警戒が必要である。

現に、伊勢湾台風や狩野川《かのがわ》台風、室戸台風、枕崎台風など過去に未曾有《みぞう》の被害を出した台風はいずれも9月に来襲している。そこへ、近年、地球の温暖化による異常気象が著しいため、これまでの常識では想像もつかない台風が懸念される。「スーパー台風」もその一つである。

このほかの風水害では豪雨、豪雪、洪水、河川の氾濫などがあるが、近年、とくに異常気象や地球温暖化による影響がその主な原因といわれている。総務省はこのような風水害により、土砂災害が起きる可能性が高いにもかかわらず、宅地開発が進められているおそれのある危険箇所は２０１５(平成27)年11月現在、９都道府県で１万３８５２か所もあるため、土砂災害防止法にもとづき、所轄の国土交通省に対し、改善を勧告している(2)。

(4) 火山噴火

火山噴火は、地下のマントルがプレートの活動によって溶け出し、高熱を伴って上昇して深部にあるマグマ(岩漿《がんしょう》)溜《だま》りが火口を発泡し、地表に噴出する現象である。

これには地下のマグマが噴出した噴火をマグマ噴火、マグマと地下水が接触して起きるマグマ水蒸気爆発、マグマに熱せられた地下水が爆発する水蒸気爆発の三つがある。

図表1-8　台風のメカニズム

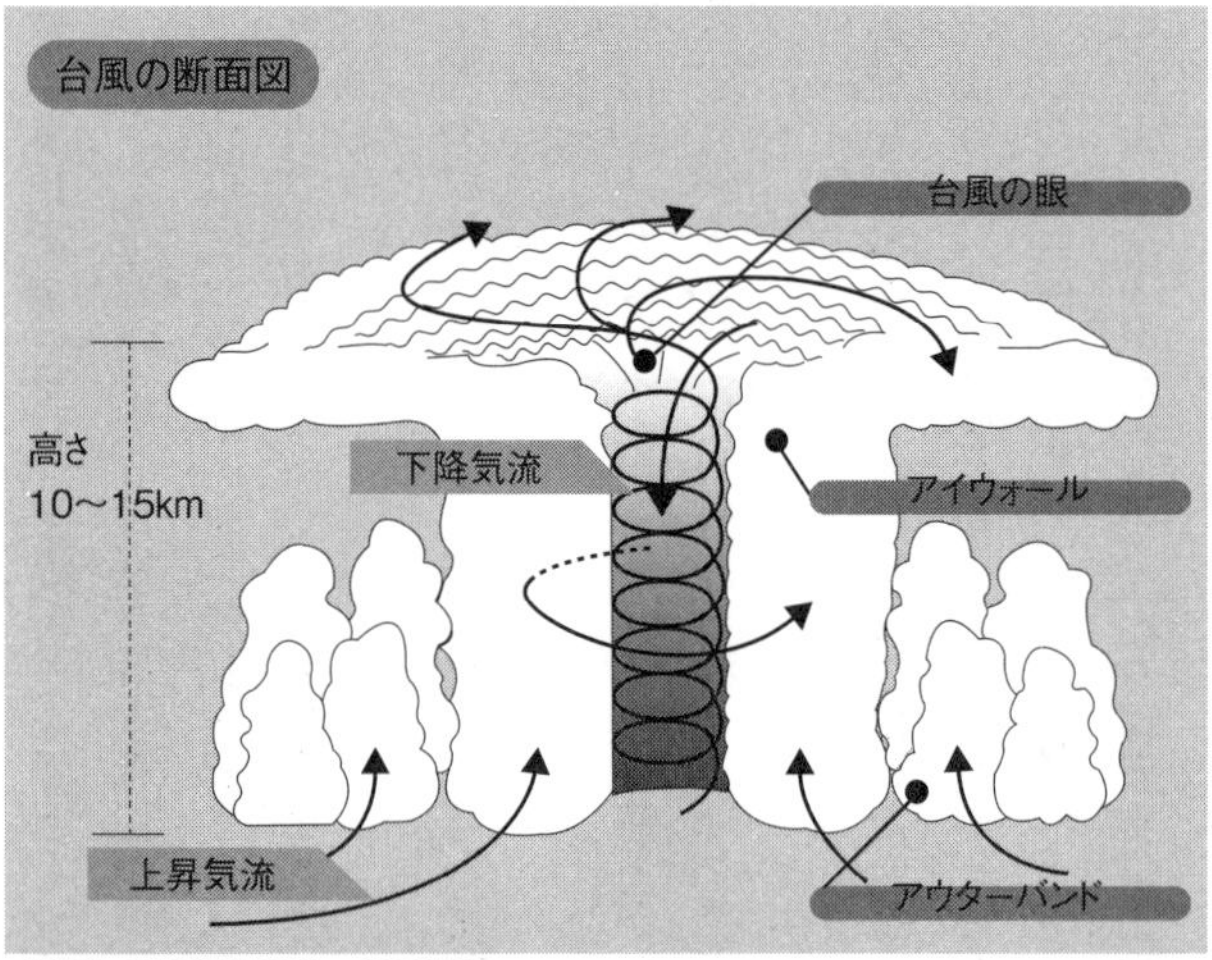

(出典：気象庁ＨＰ，2016年)

しかも、噴火したマグマは火口や中腹の土砂をも吹き飛ばし、噴石や軽石が落下、土砂雪崩《なだれ》となったり、溶岩流や火砕流、火山泥流となり、時速100~150キロメートル前後の速さで麓や周辺の河川を一気に流れ下る。このため、山麓やその周辺、平地にある建物や住民などを瞬時に飲み込む大惨事を引き起こす。発泡などが少ない場合、溶岩流や火砕流などになって麓を襲うほか、火山灰や火山ガスは偏西風に乗って麓や数百キロメートル先にわたって拡散し、自動車の走行や鉄道、航空機の運航、さらには農作物などの栽培や都市機能などに大きな影響を及ぼす（図表1―9）。

活火山はおおむね1万年以内に噴火した火山、および現在活発な噴気（火山）活動のあるものをいい、2018（平成30）年現在、国内にある約250の火山のうち、北方領土の国後《くなしり》、択捉《えとろふ》などの11を含み、その半分近くの計110ある。しかも、火山噴火予知連絡会は2015（平成27）年までに十勝岳（北海道）や八甲田山（青森県）、十和田山（同）、弥陀《みだ》ヶ原（富山県）を加えた50は常時観測が必要としている。

このうち、2018（平成30）年現在、「噴火警戒レベル」の5は口永良部《くちのえらぶ》島（鹿児島県）、3は西ノ島（東京都）、2は吾妻《あずま》山（標高2035メートル：福島県）、草津白根山（同2160メートル）、阿蘇山（同：1592メートル：熊本県）、浅間山（同2568メートル：長野・群馬県）、御嶽山《おんたけさん》（同3067メートル：長野・岐阜県）、諏訪之瀬島（同799メートル：鹿児島

図表1−9　火山噴火のメカニズム

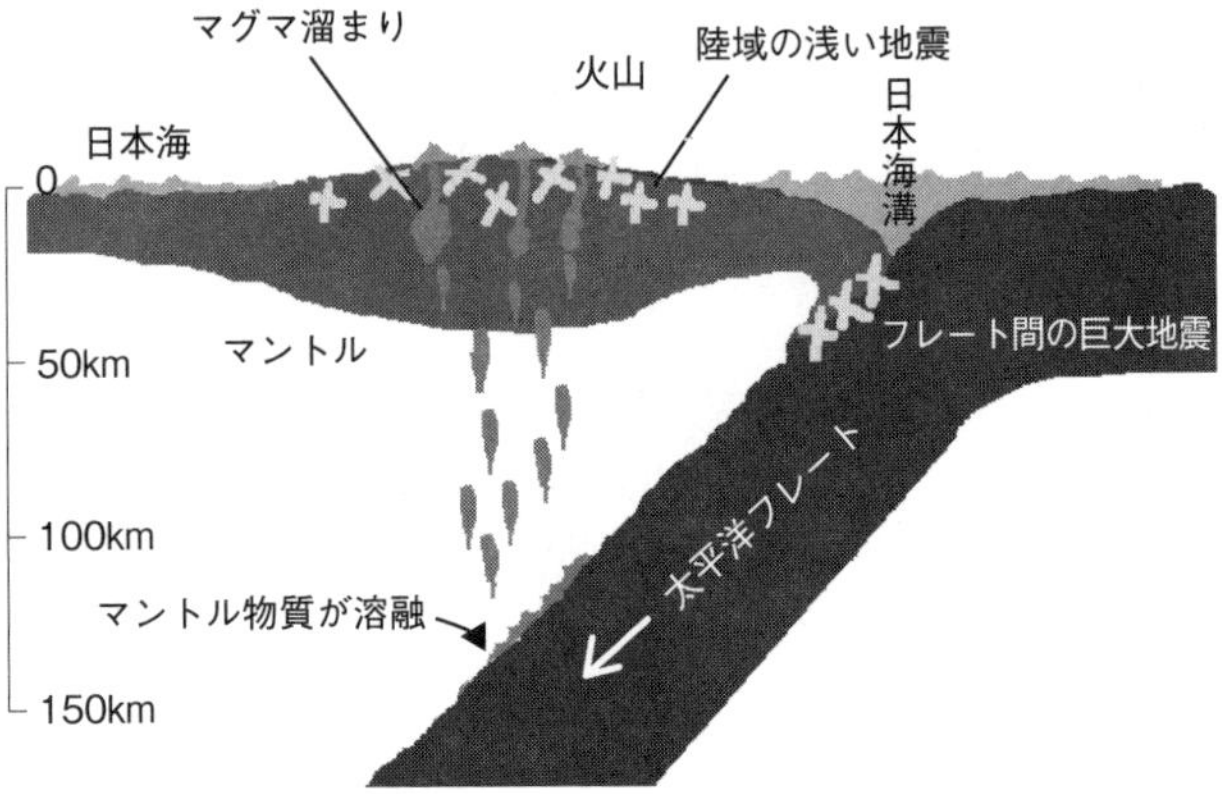

（出典：気象庁ＨＰ，2016年）

県）、霧島・新燃岳《しんもえ》（同１４２１メートル：鹿児島・宮崎県）、桜島（同１１１７メートル：鹿児島県）となっている（図表１−10）。

気象庁はこれらの活火山の噴火の前兆をとらえ、火山情報を地元の都道府県などでつくる火山防災協議会に迅速、かつ的確に伝えるべく、周辺に地震計や傾斜計、空振計、ＧＰＳ（Global Positioning System,：全地球測位システム）、観測装置、遠望カメラなどの観測施設を整備、24時間体制で警戒している。そして、これらの火山活動の状況に応じ、防災機関や住民など関係者がとるべき防災のための対応を５段階に区分し、「警戒が必要な範囲」と併せ、「噴火警戒レベル」を発表することになっている。

この火山噴火による影響の範囲について、気象庁は国内で最大級の火山噴火となった約９万年前

図表1-10　要警戒の活火山

注：数字は「噴火警戒レベル」

（出典：気象庁ＨＰ，2018年）

の阿蘇山を例に、火砕物流密度流の最大到達距離は火口から１６０キロメートル、地滑りや山の斜面の崩壊は同50キロメートルを目安に設定、大学をはじめ、各種研究機関や自治体、防災など関係機関からデータの提供も受け、火山活動を観測している。また、活火山を抱える都道府県は火山防災協議会のなかで、噴火の際の住民や農林事業者、観光施設、観光客、登山客の避難の要否について検討しているが、地元の地場産業が

写真1-3　年中、噴煙を上げている桜島
(鹿児島市桜島町にて)

観光の場合、関連業者への遠慮や意向もあってか、噴火警報の発令が甘いのではないかとの声も聞かれている（写真1―3）。

（5）原子力災害

原子力は発電所の原子炉の中でウランとプルトニウムを燃やし、核分裂を起こして熱エネルギーをつくり、これを水に溶かしてできた蒸気でタービンを回して発生する電気で、加圧水型（PWR）と沸騰水型（BWR）に大別される。

このうち、加圧水型は原子炉を通った水を循環させる系統とタービンへ蒸気を供給する系統を分離しているのが特徴で、三菱重工業が主に製造している。原子炉を通ってきた高温高圧の水が蒸気発生器に入り、そこでタービン側の給水に熱を与え、蒸気が発生するメカニズムになっている（図表1―11）。

これに対し、沸騰水型は東芝と日立製作所が主に製造しており、原子炉内で直接蒸気を発生させるメカニズムになっている（図表1―12）。

ただし、いずれも強い放射線が発生するため、安全管理を怠ると放射性物質が漏れ、大気に広範囲に拡散する。原子力災害はこの原子炉の運転などにより、放射性物質が異常な水準で原子力事業所の外へ放出された事態をいう。とくに冷却材の流出などによって炉心が高温になり、核燃料が溶ける炉心溶融（メルトダウン）が最も危険な災害である。

　また、原子炉に入っている燃料棒が溶けて崩壊し、圧力容器の底に残った冷却水と反応したり、燃料が原子炉の底を溶かして炉外に漏れ出したり、その冷却水や地下水脈との反応による水蒸気爆発、あるいは地下水脈への放射性物質の流出による放射能汚染や核分裂反応が継続する臨界、または臨界状態の原子炉が停止するなどして核分裂が止まる未臨界状態になったりしたあと、再び臨界状態になる再臨界がある。このほか、水蒸気爆発原子炉格納容器や原子炉の建屋《たてや》に水素がたまると酸素と結合して起きる水素爆発、さらに、冷却剤が配管の破断で喪失し、循環系ポンプが故障して冷

図表1−11　加圧水型原発のメカニズム

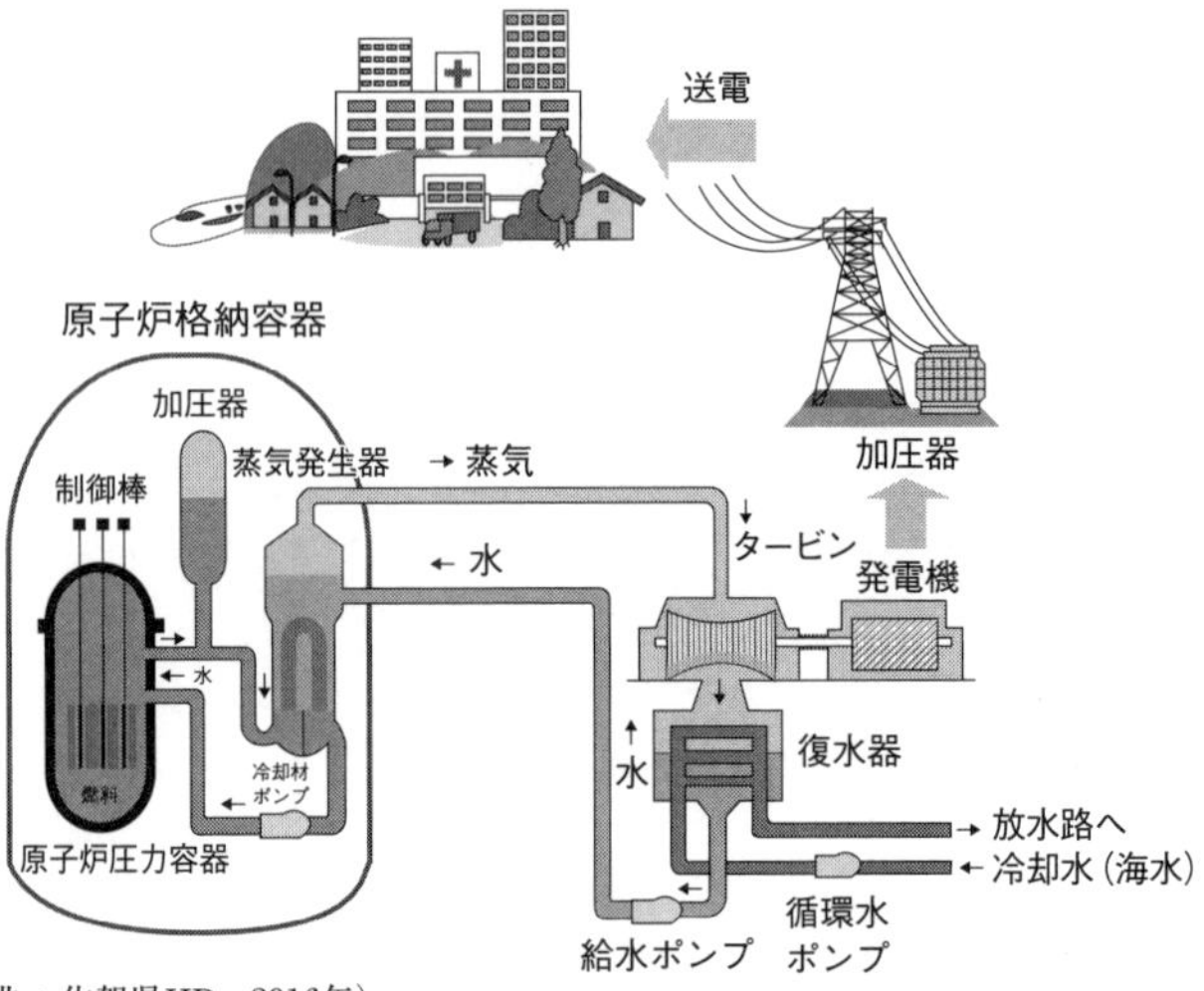

（出典：佐賀県HP、2016年）

却水の取水が不足した冷却材喪失事故、人為的なミスや計器の異常、原子力施設の停電などによって起きる事故もある。

ちなみに、原発は２００９（平成21）年現在、世界に５５０基あり、その約９割はアメリカとフランスが保有している。日本は９事業者、計54基あり、世界第三位である。

なお、東日本大震災でメルトダウンを招き、運転を即、停止、６基すべてが廃炉と決まった東京電力福島第一原発、および運転開始後、30年を超え、２０１８（平成30）年、第二原発の４基も廃炉となった同第二原発はいずれも沸騰水型だが、再稼働した九州電力川内原発など西日本の原発のほとんどは加圧水型である（図表１―13）。

図表1-12　沸騰水型原発のメカニズム

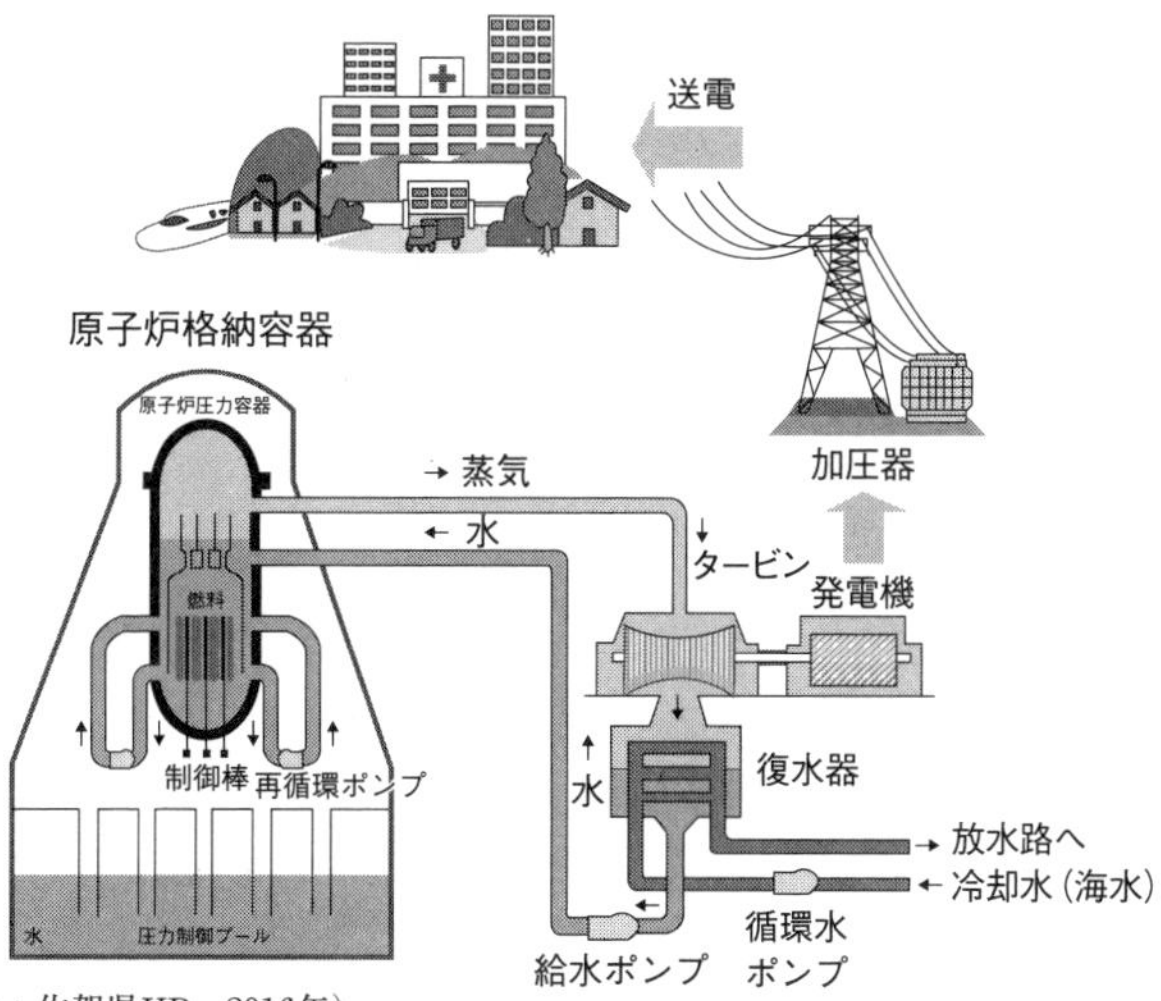

（出典：佐賀県HP、2016年）

ただし、青森県六ケ所村にある日本原燃六ヶ所再生工場で使用済み核燃料（核のゴミ）からプルトニウムを取り出し、核燃料に再生できた場合、広島に投下された原子爆弾（原爆）の６００0個分に当たるプルトニウム約48トンを保有することになる。

また、福井県敦賀市にある国立研究開発法人日本原子力研究開発機構（ＪＡＥＡ）の高速増殖炉「もんじゅ」は、高速の中性子を使って燃料のプルトニウムを増殖し、使った以上の燃料を生み出すことになっているが、これまで約1兆円を投じたものの、相次ぐトラブルのため、原子力規制委員会より「安全運転の技術自体がない」として抜本的に見直すよう、勧告された。その結果、廃炉にし、新型高速炉に転換することになったが、２０１８（平成30）年8月現在、国民の合意には至っていない。

しかも、同村の核燃料再処理工場はあくまでも中間貯蔵施設として地元が受け入れたにすぎないため、政府は今後、30～50年以内に他の地域で最終処理処分場を確保しなければならないものの、同村はもとより、いずれの自治体からもその受け入れを拒否されており、見通しがまったく立っていない。

このようななか、東京電力福島第一原発の周辺の住民約16万５０００人が事故後、即、各地に避難し、２０１７（平成29）年、双葉、大熊町など「帰還困難区域」の住民に対し、安全が確認されたとして解除され、1人当たり毎月１０万円支払われていた慰謝料は２０１８（平成30）年

図表1-13　国内にある原発

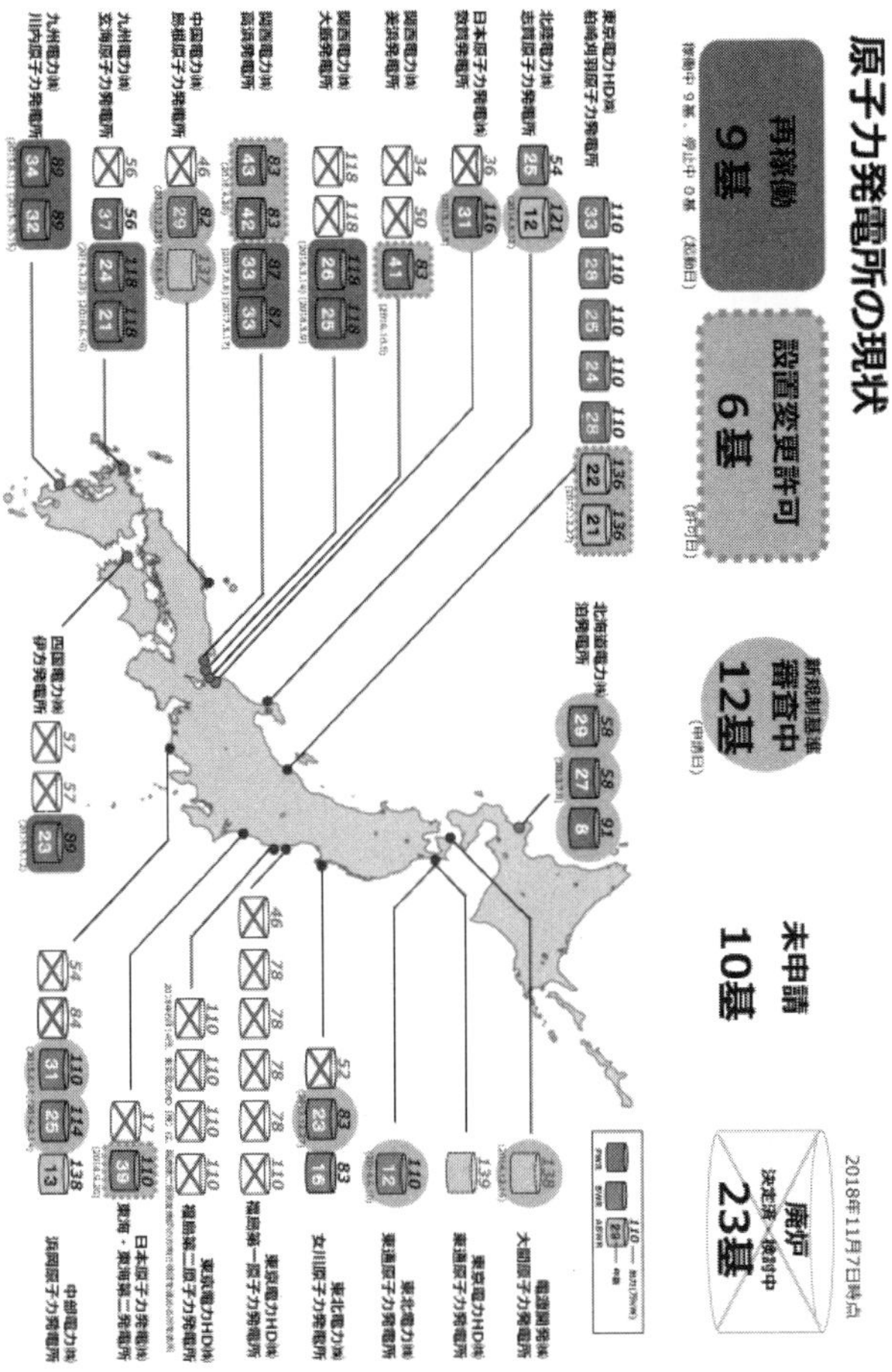

（出典：経済産業省ＨＰ、2018年）

3月で打ち切られたが、住民の1～2割、それも高齢者しか帰還せず、コミュニティの再生が困難である。また、この事故で出た放射性セシウムは東京湾にも流入、集積しており、魚介類の汚染が心配されている。

また、これを教訓に原子力安全・保安院は原子力規制委員会に再編され、原発の重要施設の直下に活断層がある場合、再稼働を認めないむねの「新規制基準」を設けたが、活断層は原発の周辺にあって危険きわまりないうえ、未知の活断層も考えられるため、相変わらず業界寄りのエネルギー政策であることははっきりしている。なぜなら、自公政権は民主党政権時代、すべての原発が停止されていたものの、政権交代後、その最終処理施設の確保の見通しが立っていないにもかかわらず、廃炉となった東京電力福島第一、第二原発はともかく、九州電力川内原発をはじめ、各地の原発の再稼働を容認しているため、各地で反原発の訴訟や仮処分が起こされているからである。

ちなみに、国際的には風力発電の発電能力の方が原子力を上回っている(3)。原発事故によって放出された使用済み核燃料は何億年にもわたって有害で、かつ人間の力では無害にすることができない。また、その使い方によっては軍事に転用できるため、廃炉以外に道はないが、日本は政官財、さらに情、すなわち、一部の御用メディアおよび学、すなわち、御用学者の癒着による〝原子力ムラ〟、さらには司法の官邸への忖度《そんたく》、または官邸による司法への圧力、国民の危機管理能力のなさにより再稼働が押し進められているばかりか、その技術を政府が先導、海外に輸出していることは周知のとおりである。

【注】

（１）２０１７（平成29）年４月５日、福島第一原発事故をめぐる記者会見での今村雅弘復興大臣の発言。
（２）２０１７年５月26日付「朝日新聞」。
（３）２０１５年12月30日付「朝日新聞」。

第2章　災害情報

1　防災気象情報

前章で「災害の種類と発生の原因」について理解したら、次は気象庁など政府や自治体が発信するさまざまな「災害情報」を理解する必要がある。

その数ある災害情報のなかで最も基本的なものは防災気象情報で、注意報、警報、特別警報の三つに大別される。

このうち、注意報は災害のおそれがある場合、警報は重大な災害のおそれがある場合、特別警報は重大な災害が迫っている場合というようにその規模と程度によって異なる（図表2―1）。

一方、その他の情報として高潮情報や指定河川洪水情報、土砂災害警戒情報、記録的短時間大雨情報があるが、読んで字のごとくであるため、説明は割愛したい。

2　緊急地震速報

このようななか、東日本大震災以来、にわかにクローズアップされているのが緊急地震速報である。

これは、地震が発生すると震源から揺れが波となり、地面を伝わる地震波のP波の方がS波よりも速く伝わる速度の差を利用し、先に伝わるP波を検知した段階でS波が伝わってくる前に、危険が迫っていることをテレビやラジオなどのメディアを通じ、被害が予想される地域やその遠方の地域にも警戒に当たってもらうため、発令されるものである（図表2―2）。

なお、政府は1978（昭和53）年に制定した大規模地震対策特別措置法（大震法）にもとづき、以後、特別防災体制に関連し、静岡県沖の駿河《するが》湾などを震源とする東海地震について、常時観測のもと、地震が差し迫っていると判断した場合、総理大臣が「警戒宣言」を発表、津波などの危険地域の住民の避難、学校の休校、JR（日本旅客鉄道）東海道新幹線の運行停止などを自治体や町内会、自治会、自主防災組織、JRなどに要請す

図表2−1　防災気象情報

種　類	予想される程度
注意報	災害のおそれ
警　報	重大な災害のおそれ
特別警報	重大な災害が迫っている

（出典：筆者作成）

ることになっていたが、その後の研究の進化で予知が困難とわかった。このため、２０１７（平成29）年、従来の特別防災体制に代え、今後、駿河トラフから南海トラフにかけた全域で巨大地震や連続的な大地震が起きることを念頭に、「警戒宣言」から「南海トラフ地震に関連する情報（臨時情報）」に変えた。

3　避難情報

避難情報のうち、「避難準備・高齢者等避難開始」は高齢者や障害者、児童、妊婦など災害時要配慮者を早めに避難誘導すべく、災害が予測される自治体や住民に対し、出すものである。これは２０１６（平成28）年、台風10号で岩手県岩泉町のグループホームが従来の「避難準備情報」の意味を理解できず、入所者の避難が遅れたことを教訓に内閣府が見直したものだが、その際、これらの災害時要配慮者に対する医師や看護師、保健師、介護福祉士などによるケア、また、防災士や手話通訳

図表2-2　緊急地震速報の仕組み

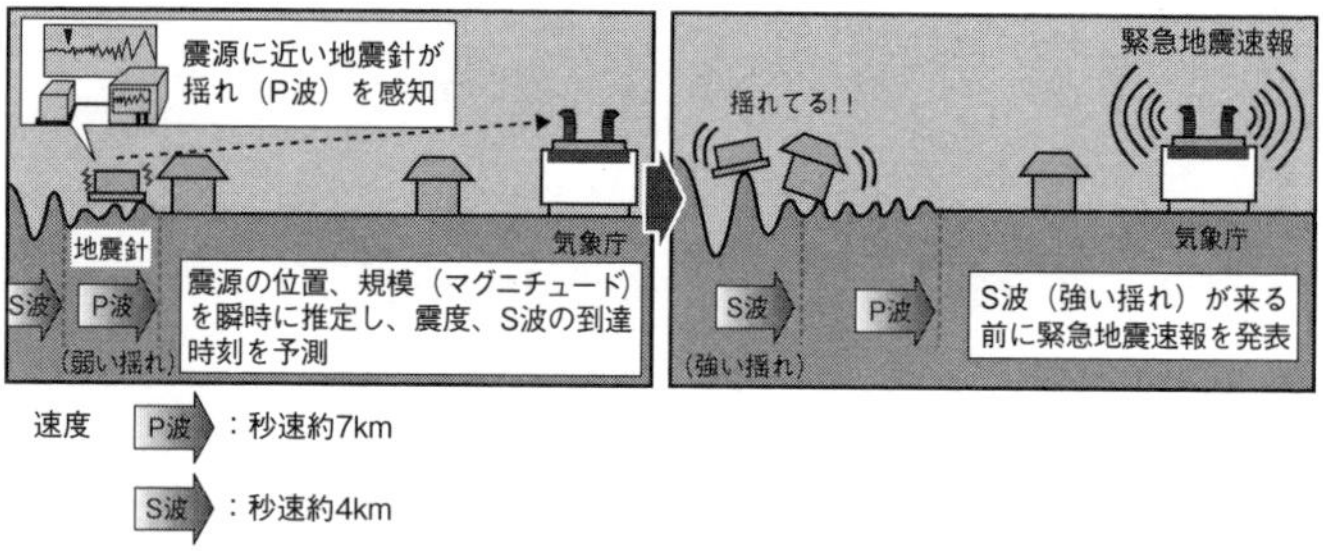

（出典：気象庁ＨＰ，2018年）

図表2−3　避難情報

種　類	予想される程度
避難準備・高齢者等避難開始	高齢者などの早期避難
避難勧告	一般住民も避難
避難指示（緊急）	全住民避難

（出典：筆者作成）

士による筆談や点字、外国人への支援などの配慮が望まれる。

これに対し、「避難勧告」では健常者も避難する。また、「避難指示（緊急）」ではすべての住民が避難する。このため、避難が遅れた住民は屋内で安全な場所に移動するなど在宅避難とし、救助を待ちたい（図表2―3）。

このような災害時の避難誘導のため、自治体が指定した避難場所や避難所、また、洪水・河川の氾濫《はんらん》など災害の種類別に標識が表示されている（図表2―4、図表2―5、図表2―6）。

図表2−4　避難場所の標識

（出典：内閣府ＨＰ，2017年）

図表2−5　避難所の標識

（出典：内閣府ＨＰ，2017年）

図表2−6　洪水・河川氾濫

（出典：内閣府ＨＰ，2017年）

4　支援物資物流情報

支援物資物流情報は、大規模災害の際、政府が被災地の自治体などと連携し、被災者の状況や被災地の道路事情、医療機関の機能などの情報を全国のコンビニエンスストア（コンビニ）や物流業者などと共有し、固定電話やファクス、携帯電話などを通じて発信し、各地からの支援物資をスムーズに届けてもらうものである。

ちなみに、熊本地震の際、被災者や支援者が音信不通の携帯電話に代え、被害の程度や災害ゴミの処理方法、被災者の支援、断水、停電、交通機関の運休や避難、インフラストラクチャー（インフラ）の復旧、各種イベントの中止などの情報を一斉に送受信した結果、従来の消防署や自治体、社会福祉協議会（社協）の災害対策本部、災害ボランティアセンター、市民ラジオなどよりも迅速に行われた。このため、今後、30年以内に70～80％の確率といわれている首都直下地震や南海トラフ巨大地震が懸念されているだけに、その普及が期待されている。

ただし、内容が重複したり、不確かな情報なども錯綜《さくそう》して〝情報爆発〟となり、関係機関が対応に慎重を期した結果、助けられたはずの被災者を助けられなかったりした被災地もあった。また、小型無人飛行機「ドローン」を飛ばし、被災地を上空から撮影し、局地的、かつ広域的な被災状況を情報収集、より的確で迅速、かつ優先順位をつけた災害対策（トリアージ）を講ずべきか、新たな課題も指摘されている。

5　医療情報

医療情報は被災前、地元の病院や診療所などの医療機関に入院、または通院、もしくは保険調剤薬局で薬をもらっていた被災者が災害に遭い、避難場所や避難所を転々とせざるを得なかったり、入院や通院、もしくは投薬の処方をしていた病院や診療所などの医療機関や保険調剤薬局が被災した場合、入院や通院、投薬をあきらめ、症状が悪化して重篤に陥ったりしないよう、あらかじめカルテや処方箋《しょほうせん》を電子化し、万一の際、他の医療機関や保険調剤薬局でそのカルテや処方箋で入院や通院、投薬を継続すべく、地元の医師会や歯科医師会、薬剤師会の指導で救急指定病院などと連携を図り、提供されるものである。それだけに、このような取り組みは要支援・要介護の認定を受け、介護老人福祉施設（特別養護老人ホーム）などに入所したり、居宅介護支援事業所など関係機関が共有し、災害時、また、その後の高齢な被災者などの避難生活においても持続可能なケアを保障することが重要である。

6 震度

地震の震度の強弱は地域の地形や立地、地盤の強弱により0~7まであるが、震源に近い地域では間に合わないこともある（図表2−7）。

なお、「緊急地震速報」は地震の発生時に起きる地震波の揺れ具合を予測し、最大震度5弱以上と推定される場合、強い揺れ（震度4以上）が起きる地域を示し、揺れがくる前に関係機関やメディア、携帯電話などで伝えるものだが、強い揺れがくる時間は数秒から数十秒しかないため、とっさの判断で身を守ることが大切である。

ちなみに、2018（平成30）年3月以降、予想される震源域から半径約30キロメートル圏内の比較的遠方な地域に対し、「続報」も出されることになった。

図表2−7　震度

震度	予想される揺れ
0	感じない
1	わずかな揺れ
2	電灯などが揺れる
3	食器類が音を立てる
4	ほとんどの人が揺れを感じる
5弱	食器類が落ちる
5強	物につかまらないと歩けない
6弱	立っていることが困難
6強	這《は》わないと歩けない
7	耐震性の木造住宅でも傾く

（出典：筆者作成）

7　マグニチュード

マグニチュード（M）は震度との関係でよくいわれるが、これは地震の規模を表すもので、首都直下地震や南海トラフ巨大地震はM7～9クラスと想定されている（図表2―8）。

ただし、熊本地震では本震のあと、余震が警戒されたものの、本震よりも震度が大きな余震に見舞われて死亡したため、気象庁は「あとに起きた地震こそが本震だった」と釈明、今後、「余震」という言葉を使わず、「最初の地震と同規模の地震に注意」と呼びかけ方を改めることになった。

図表2-8　マグニチュード

マグニチュード	地震の規模
1以下	極微小地震
1～3	微小地震
3～5	小地震
5～7	中地震
7以上	大地震
8クラス以上	巨大地震

（出典：筆者作成）

8　長周期地震動の階級

長周期地震動の階級は、地震の際、高層、あるいは超高層のビルやタワマンで起きる長い時間の揺れで、1～4までの階級がある（図表2―9）。

9　津波情報

津波情報のうち、「津波注意報」は最大0・5メートル以上、「津波警報」は同1～2メートル、「大津波警報」は同3メートル以上がそれぞれ予想されるものだが（図表2―10）、海底の地盤や陸地の地形、さらに、これに大潮が重なればより高くなるほか、第一波よりも第二波、第三波の方が高くなることもある。また、押し波よりも引き波の方が恐ろしいことは東日本大震災でも明らかになった（写真2―1）。

図表2-9　長周期地震動階級

階級	揺れの状況	室内の状況
1	ほとんどの人が感じる	吊り下げ機材が揺れる
2	物につかまらないと動けない	食器が落ちる
3	立っていることが困難	家具が移動する
4	這わないと動けない	家具が倒れる

（出典：東京都『東京防災』より筆者作成）

図表2-10　津波情報

種　類	予想される波高
津波注意報	最大0.5メートル以上
津 波 警 報	最大１～２メートル
大津波警報	最大３メートル以上

（出典：筆者作成）

10　台風情報

台風情報は本土に接近、または上陸する72時間先まで、その中心の位置や進行方向、速度、中心気圧、最大風速、最大瞬間風速、暴風域、強風域を予報するものである。

11　雨情報

雨情報のうち、「強い雨」は20～30ミリ未満で傘をさしていても濡れる程度だが、「激しい雨」は30～50ミリ未満で道路が川のようになり、土砂災害や下水管の下水の飛散が生ずる。

これに対し、「非常に激しい雨」は50～80ミリ未満でもはや傘は役立たず、自動車の運転も困難となり、地下街に流れ込む。さらに、「猛烈な雨」は80ミリ以上で大規模災害が想定されるものである（図表2―11）。

写真2-1　津波情報への警告板

（和歌山県すさみ町にて）

12　水害危険度分布情報

水害危険度分布情報は水害に関わる危険情報で、気象庁が２０１７（平成29）年７月以降、豪雨によって洪水などの水害が発生するおそれのある地域を1キロメートル四方に5段階に細分化、専用のホームページ（ＨＰ）で色分けして公表する情報である。

具体的には、危険度が高い順に「濃紫（きわめて危険）」「薄紫（非常に危険）」「赤（警戒）」「黄（注意）」「青または白（今後の情報などに留意）」の5段階の色で示され、10分刻みで地図上に更新される

図表2−11　雨情報

種　類	予想される雨量
強い雨	20〜30ミリ未満
激しい雨	30〜50ミリ未満
非常に激しい雨	50〜80ミリ未満
猛烈な雨	80ミリ以上

（出典：筆者作成）

図表2−12　水害危険度分布情報

種　類	危険度
濃　　紫	きわめて危険
薄　　紫	非常に危険
赤	警　戒
黄	注　意
青または白	今後の情報などに留意

（出典：筆者作成）

図表2-13　水害危険度分布図

（出典：気象庁ＨＰ，2017年）

（図表2―12、図表2―13）。

13　風情報

風情報のうち、「強い風」は風速15～20メートル未満で転倒したり、看板などが外れ始めたりするのに対し、「非常に強い風」は同20～30メートル未満で看板などが落下したり、飛散したりして負傷者が出るほか、自動車の走行も困難になる。「猛烈な風」は同30～40メートル未満で、屋外での行動はきわめて危険となり、電柱や街灯、街路樹が倒れるおそれがある。同40メートルだと木造家屋だけでなく、鉄骨造りの建物も変形しやすくなる（図表2―14）。

14　噴火警戒レベル

噴火警戒レベルは、活火山の噴火の程度によって「レベル1」「レベル2」「レベル3」「レベル4」「レベル5」の五つに分けられる。

図表2-14　風情報

種　類	予想される風速
強い風	風速15～20メートル未満
非常に強い風	風速20～30メートル未満
猛烈な風	風速30～40メートル未満

（出典：筆者作成）

図表2-15　噴火警戒レベル

レベル	種別	名称	対象地域	キーワード
5	特別警戒	噴火警報	居住地域（重大な被害）	避難
4	同	同	居住地域（重大な被害の可能性）	避難準備
3	警報	噴火警報 または 火口周辺警報	火口から居住地域近くまで 火口周辺	入山規制
2	同	同		火口周辺規制
1	予報	噴火予報	火口内など	平常

（出典：気象庁ＨＰ、2016年より筆者作成）

写真2-2　「レベル1」の火山が突如噴火し、観光客が急減の観光地

（群馬県の草津温泉にて）

このうち、「レベル1」は「平常」でありながら活火山であることに留意で、活動は静穏な状況である。「レベル2」は火口周辺規制で、周辺に影響がある状況である。これに対し、「レベル3」は「入山規制」で、火口から居住地域近くまで重大な影響、「レベル4」は「避難準備」で、居住地に重大な被害の可能性、「レベル5」は「避難」で、居住地に重大な被害が考えられる状況を示す（図表2―15）。

そこで、気象庁はそれぞれの火山活動の状況に応じ、防災機関や住民など関係者がとるべき対応を5段階に区分、「警戒が必要な範囲」に対して噴火警戒レベルを示し、メディアを通じて発表したり、現地の登山口に掲示したりすることになっている（写真2―2）。

上述したように、火山噴火にはその発生の原因別にマグマ性噴火、水蒸気爆発、マグマ性水蒸気爆発の計三つがある。また、その形態も山体の膨脹や収縮、崩壊、火山ガスの放出、噴石や溶岩流、火砕流、火山灰、火山泥流の流出などに分かれるが、これらが「複合災害」となって襲うこともある。

しかも、活火山の位置はいずれも国内の地震の分布とほぼ一致しており、大地震が発生した数日、あるいは数か月、もしくは十数年後、火山が噴火している場合が多いため、要警戒である。また、その速さと影響を及ぼす地域も広範囲で、数センチしか積もらない火山灰でも視界がゼロになったり、道路が寸断されたり、洗濯物が汚れたり、電気が消えたり、通信機能が途絶えたり、農作物が傷ついて出荷できなくなって高騰したりしてインフラが機能不全となるため、注意が必要である。

15　原子力災害影響度指標

原子力災害影響度指標は、原発などで事故が発生した場合、国際原子力事象評価尺度（ＩＮＥＳ）による放射線量による影響度の指標が「レベル０（尺度以下）」から「レベル７（深刻な事故）」まで計８段階の数値で公表されるものである（図表2–16）。

なお、原発を廃炉したときに出る制御棒などの核のゴミは文字どおり、放射能レベルが高く、放射能が半分になるまでに２万４０００年もかかるプルトニウム２３９などを含んでいる。また、原発１基当たり１００～２００トン出て、「レベル０」まで下がるのに10万年かかるにもかかわらず、その最終処理施設や場所は原発の解体

図表2–16　原子力災害影響度指標

レベル７	深刻な事故
レベル６	大事故
レベル５	事業所外にリスクを伴う事故
レベル４	事業所外に大きなリスクを伴わない事故
レベル３	重大な異常事象
レベル２	異常事象
レベル１	逸脱
レベル０	尺度以下

注：原子力災害はレベル４以上。レベル０～３は異常事故扱い。
（出典：国際原子力災害影響度、2016年より筆者作成）

図表2-17　被曝量による健康への影響

シーベルト	影響度
6～20	ＪＯＣ原発事故作業員の被曝量
6～7	99%が死亡
5	永久に不妊
3～4	約50%（半数）が死亡
2	約５%が死亡
1	吐き気などの症状となる
500ミリ	リンパ球が減少し始める
200ミリ	これ以下なら急性症状はみられないとされているが、議論も
50ミリ	ガンの発生率が上昇。放射線業務従事者の年間被曝の上限
6.9ミリ	胸部エックス線ＣＴスキャン１回の受診
2ミリ	胃のレントゲン撮影被曝の世界平均値
1ミリ	一般市民の被曝限度（自然放射線・医療被曝を除く）
0.19ミリ	東京～ニューヨーク間往復の飛行で受ける被曝量
0.05ミリ	胸部エックス線の集団検診で受ける被曝量

（出典：http://www.toha-search.com、2016年より筆者作成）

時に出る金属やコンクリートなどの低レベル放射性廃棄物でさえ見当たらない。

もう一つ、大気中に拡散された放射性物質が人体に及ぼす放射線量を表すシーベルト（Ｓｖ）は１時間当たり何ミリシーベルトという単位で表され、政府は旧ソ連（ソビエト社会主義共和国連邦：現ウクライナ）のチェルノブイリ原発事故を例にあげ、20ミリシーベルト以下なら生命に影響はないといっているが、被曝《ひばく》には内部被曝と外部被曝があり、かつその周辺の地勢や気象、人々の健康度なども考えれば鵜呑《うの》みにできない。な

写真2-3　大気中の放射線量を示す情報版

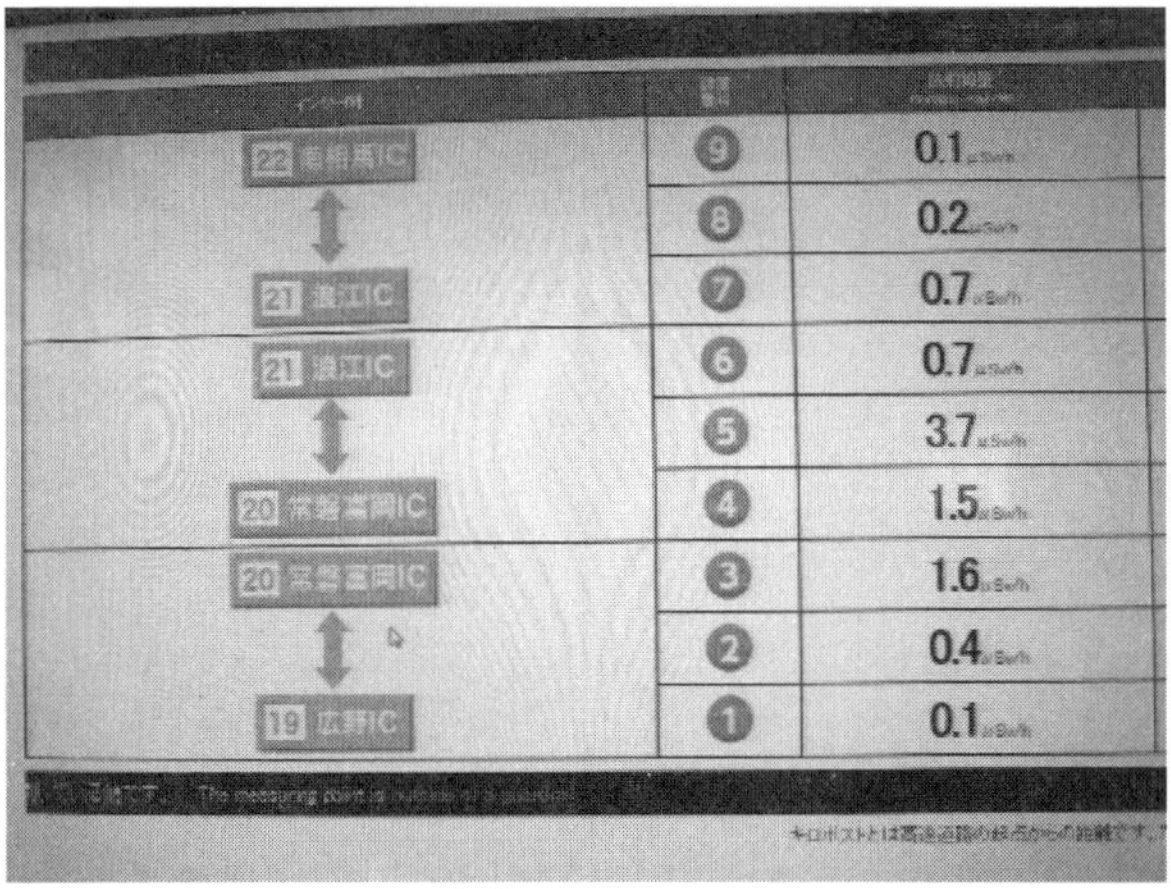

（福島県いわき市の常磐道・四倉《よつくら》パー-キングエリアにて）

ぜなら、1シーベルト(1)は吐き気などの症状が出始める数値で、2シーベルトになると5割の人が死亡するからである。まして東京電力福島第一原発事故ではこれらの情報を隠蔽《いんぺい》したり、後出しだったりしている現状を考えれば額面どおりに受け止めてよいか、大いに疑問がある。

現に、その被災地では2017(平成29)年3月、「帰還困難区域」が相次いで解除されても高齢者など一部しか帰還できていないのが何よりの証拠だが、安倍政権は建設後、40年経った原発でも原子力規制委員会の審査で「新規制基準」に合致し、かつ原発から30キロメートル圏内の地元の自治体の同意があれば再稼働を認めるばかりか、海外に輸出すべく業界を支援している有様で、国民・住民の不

写真2-4　「帰還困難区域」の指定が解除された原発事故の被災地

（東京電力福島第一原発事故被災地の浪江町にて）

安は依然として払拭《ふっしょく》されていない（図表2―17、写真2―3、写真2―4）。

なお、最近注目されているLアラートは、自治体やライフライン関連の事業者などの発信者と新聞、テレビ、ラジオ、通信事業者が避難情報や気象情報、避難所、災害対策本部の設置・運営の状況、被害情報、土砂災害警戒情報、洪水予報などが共有され、被災者などに提供されるシステムである。

一方、Jアラートは国民保護法にもとづき、弾道ミサイルやゲリラ、特殊部隊による攻撃など国の存立危機の事態の発生など有事の際、必要な情報を通信衛星を利用、瞬時に自治体や国民に対し、サイレンや放送によって緊急情報を伝達するシステムである。

ところで、これまで述べてきた災害情報は気象庁からテレビやラジオ、携帯電話、自治体の防災行政無線、広報車などを通じ、国民・住民に対して出されるもので、これらの情報を受けたら、その発生日時や避難行動などを時系列的に考え、タイムライン（災害行動計画）を立てて減災に役立てることが重要だが、通信機能の不全や豪雨、強風などによっては十分伝達されない場合もある。また、結果的に災害が発生せず、〝カラ振り〟に終わったとしても発令した関係機関に不信感などを抱かず、「被災などしなくてよかった」と受け止めたい。

なお、地元の観光業者などへの観光への影響を考え、都合の悪い災害情報は公表せず、災害が発生したのち、後出しでしぶしぶ認めるような場合もないわけではない。このため、国民・住民としては単に災害情報を受け止め、しかるべき避難行動をとるだけでなく、公表すべき災害情報が事前に公表されなかったり、後出しにされたりして責任をうやむやにさせることがないよう、必要な災害情報は積極的に公表すべく、関係機関に求めることが必要である。

とりわけ、重要な災害情報は原子力災害に関する場合である。このため、政府は東日本大震災の際、メルトダウンという前代未聞の事故を起こした東京電力福島第一原発事故を機に、国内に原発を持つすべての電力会社に対し、以後、再稼働をめざす場合、半径30キロメート圏内のすべての地元の自治体の意見を聞き、災害時の避難計画を策定して公表すべく、義務を課すことになった。

しかし、九州電力玄海原発の再稼働の際、同電力は圏内の3県8市のうち、4市が反対したものの、原発がある佐賀県玄海町と同県の2自治体の同意だけで避難計画を策定したうえ、原子力規制委員会に「新規制基準」の審査を申請、同委員会は再稼働を認め、現在に至っている。しかも、原発の再稼働を推進する政府は黙認したままである。

また、中国電力も2018(平成30)年、島根原発の再稼働をめざし、原子力規制委員会に対し、「新規制基準」に合格すべく、県と松江市に事前の了承を取り付けるため、避難計画を策定したうえ、その申請を行っているが、同じ30キロメートル圏内の境港、米子市などはその対象としていない。このような状況では災害時、避難計画がどこまで有効か、また、事前の同意なしで進められている境港、米子市民にとってきわめて疑問があるため、情報開示を迫っていくことが必要であることはいうまでもない(2)。

そればかりか、放射性物質は原発の立地や周辺の地形、風向きにはよっては30キロメートル圏外の全国、さらには地球全体へと拡散、「広域災害」となることはチェルノブイリ原発が教えていることを忘れてはならない。その意味で、こと原発に関してはこのような小手先だけの対応では無理があり、かつ2060年、人口が現在よりも約4割減る見込みに伴い、エネルギーもその分、不要となるため、廃炉以外の何物でもないことはいうまでもない。

【注】

(1) 1シーベルトは1000ミリシーベルト、100万マイクロシーベルト。

(2)「朝日新聞」2018年6月2日付。

第3章 自助

さて、第1章で災害の種類と原因、第二章で災害情報の種類について述べたので、本章から終章にかけ、防災福祉コミュニティの形成のため、自助、互助、共助について自助から順に述べたい。

1 地勢

そのまず第一は、自宅や職場、学校などの地勢のチェックである。

具体的には、市街地図や地形図、古地図、郷土史、ウェブサイトなどで自宅やその周辺がどのような地勢か、確認する。とくに自宅は一日のなかで一番長く過ごすため、丘陵地や高台か、それとも、低地、急傾斜地、盛り土、表層地盤、火山灰地、また、沖積平野や扇状地、砂地、埋立地、湾岸地区、海岸、河口部、火山やトラフ、活断層があれば要注意である（写真3―1）。

2 立地

立地では、老朽化した木造家屋が密集している地域（木密）か、あるいは通勤・通学路に消防車や救急車が出入りできない路地、もしくは洪水のおそれのある堤防があるか、ブロック塀や石垣、門柱、看板、街路灯、街路樹、ネオンサイン、電柱、電線、自動販売機、駐車場、ガソリンスタンド、ガラス張りのオフィスビル、地下街、地下鉄、マンホール、側溝（排水溝）、高架の陸橋などがあるか、確認する。

地方では工場や漁港、石油コンビナート、急流、砂防ダム、水力発電所のダム、ため池、湖、高山、原発、原子炉から漏れる放射線量を計測するモニタリングポストがあるか、情報を収集

写真3-1　危険な急傾斜地

（静岡県熱海市にて）

する。

なお、地勢と併せ、地盤が強いかも見きわめる。

ちなみに、地盤が強いのはコンクリート打ちによるベタ基礎である。なぜなら、ベタ基礎は床下の部分まで鉄筋を配し、コンクリートをいっぱい流して打つのに対し、布基礎は床下になる部分は薄めのコンクリートしか流さないからである（写真3―2）。

3　地　名

地名では谷や滝、川、崎、洲、谷、浜、浦、江、戸、津、波、磯、島などがないか、チェックする。また、周辺に遭難碑や震災遺構がないかも併せて確認し、あれば要注意である。

写真3-2　地盤が強いベタ基礎

（東京都武蔵野市にて）

写真3-3　昭和南海地震の際の津波の遭難碑

（和歌山県すさみ町の萬福寺境内にて）

ただし、市町村合併(1)に伴い、危険な地名かどうか、判別できなくなっているところもある（写真3―3）。

4　自宅の点検

(1) 戸建て住宅の場合

自宅の点検では寝室には家具を置かない。どうしても置かざるを得ない場合、固定したり、窓ガラスの飛散を防いだりする。枕元には懐中電灯や簡易トイレ、預貯金通帳、被保険者証（保険証）、各種権利証、運転免許証、印鑑、家族や親戚、友人、知人の連絡帖、医薬品などを入れた非常用持ち出し袋、ヘルメット、防塵《ぼうじん》マスク、防塵用ゴーグル、ガスコンロ、無線機、携帯ラジオ、災害用ホイッスル（呼び子笛）、乾電池、簡易テント、寝袋（シュラフ）、携帯電話、携帯充電器などを用意しておく。

なお、2階建てで、1階が店舗や駐車場など空間のスペースがある寝室の場合、地震で倒壊するおそれがあるため、2階に変える。

台所は食器棚やガラス食器、家具を固定し、重い物は下に置く。また、簡易消火器の常備や検知器基準、耐震・免震・制震性の有無、感電ブレーカーも確認しておく。可燃物は火災を起こさないよう、所定の期日までに処分する。マッチやライター、ストーブは子どもが手にしない所に保管する。コンロやストーブ、スプレー缶、電気コード、ろうそく、線香にも注意する。

火災警報器や消火器は見やすい所に置き、ふだんから使い慣れておく。また、半年に1回はキャップの破損やホースの脱落、容器の本体のへこみ、変形、腐食などの異常がないか、さらに、耐用年数に達していて交換の必要があるか、点検する。

居間ではテレビや照明器具、火災警報器、消火器、暖房器具の固定、窓ガラスの飛散の防止をする。カーテンは厚手のものにする。

書斎では本棚や照明器具の固定、窓ガラスの飛散の防止、カーテンの防災加工などもする。

廊下には段差の解消やつかまり棒、また、階段には手すりを取り付ける。

玄関にはスリッパや避難用の靴、長靴、折りたたみ傘、合羽《かっぱ》、合い鍵を備えるとともに、バールやジャッキなどの工具を当てて避難通路を確保しておく。出入り口には家具などは置かず、いつも避難できるよう、スペースを確保する。

ベランダは植木鉢や物干しざおの落下を防ぐとともに、ふだんから整理整頓に心がける。道路に面したブロック塀や石垣、門柱は倒壊しないよう、固定するか、生垣に変える。プロパンガスボンベは倒れて破損し、爆発事故を起こさないよう、しっかりと固定する。

屋根は、瓦葺《ぶ》きは見直し、アルミ板など軽量なものに取り換える。テレビのアンテナはしっかりと固定する。

なお、自宅が１９８１（昭和56）年以前の「旧耐震基準」当時のものだったら市町村に耐震診断を依頼する。その結果、改修する必要があったら複数の工務店から見積もりを取り、良心的で、かつ信頼がおけるか、また、近所で自宅を改修した人に聞いてみて、いずれの工務店がよいか、判断する。

（2）集合住宅の場合

アパートやマンション、団地などの集合住宅は木造や軽量鉄骨造りよりも鉄筋コンクリート造りで、消火器や避難階段、避難ばしごが常備されており、所有者や管理人が常駐しているところを選ぶ。

高層、あるいは超高層のタワマンの場合、はしご車が届く11階以下に住む。また、団地自治会や管理組合で自主防災組織をつくり、自衛するほか、隣の入居者の部屋との間に設置されている扉はいつでもこじ開けられるよう、話し合ったうえでバールを用意しておく。

通路や非常階段、非常口、隣室のベランダの避難ハッチ（非常脱出口）には物は置かない。火災報知器や消火器などの防火・防災設備の場所や点検も確認する。

なお、最近、就寝中、地震による家具の倒壊などから命を守るため、木質性の屋内併設型と鋼鉄製の地下埋設型、ベッド型の耐震用シェルターが販売されているが、屋内併設型は25万円程度、地下埋設型は250万円程度、ベッド型は50万円前後だが、市町村によっては補助があるため、照会する（写真3－4）。

写真3-4　屋内併設型のシェルター

（静岡県焼津市の市消防防災センターにて）

5　備蓄用品

食料は、水やお湯を注ぐだけで、調理しなくてもいつもの食事に近いワカメご飯や五目ご飯、山菜おこわ、赤飯、ドライカレー、チキンライス、エビピラフ、うどん、そば、野菜、昆布、切り干しダイコン、ワカメ、焼きそば、チャーハンなどのレトルト食品や乾パン、缶詰を用意しておく。

飲料水は水や緑茶などを常備し、いずれも最低1週間分を用意する。賞味期限が迫っているものは試食し、災害時での食事のイメージを養っておく（写真3－5）。

冷蔵庫や冷凍庫の利用ではその仕分けやストックの多少、賞味期限に注意する。飲料水は一人当たり1日3リットルは必要なため、家族の人数を頭に入れ、最低1週間分を備蓄しておく。また、災害時、自衛隊の給水車によって飲料水が配られるため、ポリ袋を用意し、ダンボール箱やショッピングバッグ、リュックサック、スーツケースなどに入れておく。戸建住宅に居住している場合、家庭菜園を心がけ、避難生活が長引いても食料が賄えるように心がける。

　このほか、非常用の圧縮毛布やエアマット、ブルーシート、ポンチョ、懐中電灯、充電式ラジオ、ランタン、ヘッドライト、ろうそく、ヘルメット、防塵マスク、軍手、タオル、救急セット、ガスも電気も使わずにスープを温めるヒートバッグや発熱剤、折り畳み式ウォータータンク、耐火・防水保管庫、カセットボンベ、呼び笛、携帯充電器を用意しておく。

　また、プライバシーを保護するため、ワンタッチで設置できるテントやシュラフ、カーテンのほか、歯磨きや洗髪、清拭用の各種グッズ、生理用品、乳児用液体ミルク、組み立て式の携帯トイレ、あるいは簡易トイレやトイレットペーパー、汚物処理セット、段ボール、新聞紙、

写真3-5　一人暮らしの高齢者世帯は最小限の備蓄を

（東京都小平市のホームセンターにて）

消臭剤、固形剤などを用意するが、これらはデパートやホームセンター、スーパー、ネット通販などで販売しているため、上手に利用する。山歩きの愛好家なら登山用品で代用できる。

なお、別荘があればそこにも非常用持ち出し袋や連絡帖などを用意しておく。食料や飲料水などの備蓄、冷暖房などのメンテナンスも同様である。

6　災害に備えた損害保険

火災保険は火災や落雷、台風、暴風、洪水、大雪・雪崩などの風水害による建物や家財が対象のため、地震保険は火災保険とセットで掛ける。

保険料は今後、30年以内に震度6弱以上の地震の発生の可能性が高い都道府県、あるいは比較的安全な地域、さらに建物の構造などによって異なるほか、建物の免震や耐震性能に応じ、10～30％割引される。5年分まとめて払い込む場合、一部が割り引かれる。

契約金額の上限は建物が3、000万円、家財が1、000万円で、30万円を超える貴金属や宝石などは含まれない。また、保険金は全損の場合、その全額、大半損の場合、同60％、小半損の場合、30％、一部損の場合、5％が支払われる。

なお、「警戒宣言」の発令後は契約できない。

7　災害情報の共有

被災者による災害情報の発信では、NTT「ドコモ」の災害用伝言ダイヤル（117番）は自分の安否の状況を登録すれば家族や友人、知人と安否確認ができ、電話がつながらないときでも比較的つながりやすいツールとして重宝する。また、携帯電話会社の災害用伝言板や災害用ブロードバンド伝言板（Web171）もよい。

なお、災害時、119番通報をする際、「5W1H」、すなわち、いつ、どこで、だれが何をなぜ、どうしたのかなどを落ち着いて告げる。急患の救急搬送や応急措置が必要な場合、消防指令センターから照会があるため、近くの目標物や公共施設、集合住宅やビルは何階などを具体的に話す。

もう一つ、災害情報はその種類や規模、被害の程度、内容を把握するため、新聞やテレビ、ラジオ、臨時災害FM、政府や自治体のHP、防災行政無線、広報車、消防団、ウェブサイトなどで的確、かつ迅速に収集、公開し、風評に惑わされないようにする。気象庁など関係機関が出す災害情報の種類やその内容などは前章を参照されたい。

8　避難場所の確認

災害時、通勤や通学、買い物などで外出中、交通機関が止まってしまったら職場や学校などの指示に従い、無理に帰宅せず、その場に踏みとどまり、様子をみて帰宅する。そのためにも日ごろから幹線道路や迂回《うかい》路を何キロ歩くことができるか、また、沿道に公園や学校、公民館、コミュニティセンター（コミセン）などの避難場所や災害時退避所協力農地、スーパー、コンビニ、ファミリーレストラン（ファミレス）、災害用井戸の位置などを確認しておく（写真3—6）。

写真3-6　いざという時の災害時待避所協力農地

（武蔵野市にて）

9　関係機関の動向

関係機関の動向では、地元で防災に関するイベントなどの取り組みなどがあるか、情報収集し、防災訓練や避難経路、避難場所の説明、被災者の体験談、被災地への視察、災害ボランティアの受け入れ、支援物資や義援金・支援金の募集などについて尋ねる。

また、各市町村は町内会や自治会、団地自治会、管理組合、社協、民生委員・児童委員、住民有志と協働して地域防災計画や地域福祉（活動）計画を策定したり、ハザードマップや高齢者や障害者、児童、妊婦など災害時要配慮者の支援マップを作成しているため、これらの計画を入手したりして避難場所の公園や学校などはどこで、そこは大丈夫か、より安全な場所はないか、徒歩で避難すべきか、自動車が規制されるのはどの道路か、確認する。このほか、食料や飲料水、毛布などを備蓄してある防災倉庫はどこにあるか、チェックする（写真3―7）。

写真3-7　自治体や商店会の防災倉庫

（東京都東久留米市の滝山団地にて）

10　地震の際の避難行動

(1) 自宅にいた場合

地震があっても落ち着いてコンロなどの家電機器を消すとともに、ガスの元栓を閉め、電気のブレーカーを切るなど火の始末をする。そして、ドアや窓を開け、逃げ道を確保したら机の下にもぐり、倒れてくる家具の下敷きにならないよう、身の安全を確保し、あわてて外へ飛び出さない。

ただし、最近の家電機器は地震を感知すると自動的に電源が切ることができる構造になっている。

ホームエレベーターは自動復帰しないため、利用せず、コールセンターに連絡する。利用していて途中で止まってしまったらボタンを押し、停止した階で降りる。そして、揺れが収まったあと家族の無事を確認し、靴を履《は》いてガラスなどの破片でけがをしないようにして非常用持ち出し袋を持ち、屋内にいた方がよいか、屋外に避難した方がよいか、携帯ラジオやテレビ、ウェブサイトで判断して避難する。

2階から脱出する場合、ロープや縄梯子《なわばしご》を使って避難する。なければ布団やマットレスをクッションの代わりにし、植え木のある所に飛び降りる。マンションなどの集合住宅の場合、窓を開けたり、ベランダに身を乗り出して大声で助けを呼ぶ。

出火したら近くの消火器で初期消火をし、大声で近所の人たちに声をかけるとともに１１９番通報する。その際、一酸化炭素などの有毒なガスを吸い込まないよう、濡れたタオルやハンカチで口と鼻を覆い、姿勢を低くし、後ろ向きに壁に沿って階下に降りる。距離が短ければ一気に走り抜ける。

タワマンの場合、キャスター付きの家具でも長周期地震動によって左右や上下に揺れるため、出口を確保する。床にガラスなどが散乱していたら底の厚い靴下をはき、靴で安全な場所に移動する。万一、閉じ込められたり、身動きできなくなったりしても大声を出さず、そばにあった硬い物でドアや壁を叩き、助けを呼ぶ。

被災後、72時間が生存できるタイムリミットのため、ホイッスルで知らせる。高齢者や障害者、児童、妊婦など災害時要配慮者がいる場合、無理に駆け寄らず、自分の身を守ったあと、動かさないよう介助し、在宅避難を検討する。

また、だれがいつ、どこへ避難したか、メモ書きした紙を玄関や出入り口に貼っておくほか、ツイッターやフェイスブックなどのＳＮＳ（ソーシャルネットワーキングサービス）で家族や職場、友人、知人に連絡する。

（2）屋外にいた場合

屋外へ避難するときはヘルメットや防空頭巾《ずきん》をかぶるほか、長そでや長ズボンを着用するが、燃えにくい木綿製品にする。その際、軍手や皮手袋をはめ、履き慣れた底の厚い靴で非常用持ち出し袋をリックサックに入れ、両手が使えるようにして背負い、看板やガラス、ネオンサインなどの落下、ブロック塀や自動販売機、電柱の倒壊に注意して避難する。

都市部ではアスファルトやコンクリートの建物が多いうえ、マンホールや側溝、消火栓などが多数あるため、ふたが外れていたり、ズレていると転落のおそれがあるため、長い棒を持ち、その都度、安全を確認しながら行動する。また、地下水があふれ出したり、液状化したりして道路が寸断したりすることもあるため、足元に十分注意する。損壊した電柱は感電する場合もあるため、近寄らない。

夜間は都市部でも街灯がなく、真っ暗になるところもあるため、懐中電灯や携帯電話を照らし、転倒や側溝に転落しないようにする。冬場は防寒にも注意する。

水害の場合、水深が50センチ以上で膝まで達すれば身動きできない。20センチ程度でも流れが速ければ歩行が困難となる。まして水が濁っていれば足元が見えにくくなり、危険はさらに増す。

高齢者や障害者、児童、妊婦など災害時要配慮者が一緒の場合、背負って避難する。目や耳が不自由な障害者、外国人には身ぶりや手ぶり、筆談でコミュニケーションをとり、正確な情報を伝えて避難誘導する。車椅子を利用している人はおぶったり、車椅子で避難する場合、後ろ向きにして介助者が前後して降りる。

農山村では、切り立った崖のそばや地盤の弱い急傾斜地で大きな揺れを感じたら山・崖崩れ、地滑りなどの土砂災害のおそれがある。

「避難準備情報・高齢者等避難開始」が出たら高齢者や障害者、児童、妊婦など災害時要配慮者は余震や屋根瓦、ガラス、ブロック塀、石垣、門柱、電柱、電線、自動車などに注意しながら、指定された避難場所に行くように促す。また、自らも「避難勧告」の知らせを受け、続いて避難場所に避難する。

なお、子どもが保育所（園）や幼稚園、学校に行っている場合、迎えに行くべきかどうかは保育園や幼稚園、学校からの連絡を待ち、判断する。大地震の際、デマが流される場合があるため、正しい情報をラジオ、テレビ、広報車、防災行政無線などで入手し、冷静に行動する。

また、余震がしばらく続く場合、地盤の弱くなった傾斜地の崖崩れ、壊れかかった建物に注意する。低地や湾岸地区、海岸にいたら高台に移動する。

（3）就寝していた場合

自宅で就寝していたら布団や枕で頭を守り、ベッドの下など家具が倒れてこない所に移動し、身を防ぐ。入浴中やトイレに入っているときでもあわてて外へ飛び出さず、ドアや窓を開けて出口を確保する。2階にいて玄関から避難できない場合、ロープや避難ばしごから脱出する。

土のうや水のうは大きめのビニール袋やカーテン、風呂敷などを二重にし、すき間なく積み上げる。最近、木質のシェルターやトレーラーを利用する向きもあるが、業者の説明を鵜呑みにせず、十分考えて結論を出す。そして、自分や家族の安全が確認できたら近所の住民に声をかけ、自宅に閉じ込められていたり、家具の下敷きになったりしていないか、安否確認をする。

写真3-8　ペットの保護も家族にとって大事

（東京都西東京市にて）

なお、「緊急地震速報」が出たら玄関のドアを開けたうえ、2階以上の部屋に移動し、近くの机など家具の下に身を寄せる。万一、逃げ遅れてもその場、その時の状況で最も安全と思われる場所で身を守る。

犬や猫などの愛玩《あいがん》動物（ペット）は日ごろからワクチンの接種や寄生虫の予防・駆除などの健康管理

に努め、災害時には同行避難するが、避難場所では段ボール箱や持ち運びのできる専用のケージなどでスペースをつくり、ペットを嫌う住民とトラブルを起こさないよう、日ごろから訓練を重ねておく。また、迷子に備え、名札や連絡先などを表示しておく（写真3―8）。

（4）外出していた場合

職場や学校にいたらロッカーや資料棚、パーソナルコンピュータ（パソコン）などから離れ、机の下にもぐって身の安全を確保し、上司や教職員の指示に従って避難する。災害がひどい場合、無理して帰宅せず、周囲の状況を確認して職場や学校にとどまり、携帯電話などで家族と安否確認をする。

デパートやスーパー、劇場、映画館、アミューズメントパークなどにいたらショーケースの転倒や商品、照明などの機材の落下、ガラスの破片に注意し、衣類や手荷物などで頭を守りながら柱や壁際《ぎわ》に身を寄せる。そのうえで、最寄りの学校の校庭などの避難広場や公園などの広域避難場所、または小・中学校などの避難場所、企業などの避難協力ビルに移動する。

木密や繁華街にいたら屋根瓦やガラス、ブロック塀、電柱、電線、自動車、ブロック塀や石垣、門柱、電線、ガラスびん、ネオンサイン、広告塔、掲示板、看板の落下、柵の倒壊、切れた電線に注意して避難する。

駅のホームに落ちたら、高圧電流のケーブルに注意してホームに這い上がる。無理ならその下やレールとレールの間にうつ伏せになる。地下街ではあわてて出口に殺到しないよう、大きな柱や壁に身を寄せ、揺れが収まるのを待ち、落ち着いて避難する。

橋梁や道路の高架にいたら損壊のおそれがあるか、往来する車に注意し、安全な場所に避難する。

（5）出火した場合

出火した場合、大声で「火事だ！」と叫んだり、非常ベルやバケツなど音の出る物をたたいたりして隣近所の人たちに知らせ、119番通報する。そして、火がまだ広がっていなければバケツや消火器で消し止める。

消火器は安全ピンに指をかけ、上に引き抜いてホースを外し、腰を落とし気味にして風上から火元に向け、バーを強く握って噴射させる。危険を感じたら、燃えている部屋や窓、ドアを閉め、空気を遮断して類焼を防ぎ、ハンカチなどで鼻と口をふさぎ、壁伝いに体を低くして最も近い出口から避難する。

民家や商店、会社、工場で火災やガス爆発がしたらハンカチなどで鼻と口をふさぎ、壁伝いに体を低くして最も近い出口から地上に出る。

臨海部では石油コンビナートのタンクが炎上し、周囲のタンクや倉庫、工場、民家への類焼や海上への油の流出によって大火災となることもあるため、消防車やパトロールカー（パトカー）、海上保安署などの消防車の出動の状況や行政の広報車による避難情報に注意し、安全な場所に避難する。

（6）自動車を運転していた場合

自動車を運転していて異変を感じたら、緊急車両の走行を妨げないよう、スピードを徐々に緩めて道路の左隅に停め、エンジンを切ってカーラジオで緊急輸送道路の確保・規制などの最新情報を入手する。そして、消防車や救急車、警察車両、自衛隊車両、被災地への支援物資輸送車両などを避け、揺れが収まるまで車内にと

写真3-9　災害時に規制される幹線道路

（西東京市にて）

どまる。

離れる場合、キーをつけたまま自動車検査証（車検証）を持ち、安全な場所に歩いて避難する。震度6弱以上の大震災の場合、都心部の環状線の道路は人命救助や消火活動のため、交通規制が行われるため、係員の指示に従う（写真3―9）。

高速道路でもあわてて減速せず、前後、左右の車に注意しながら左側に寄せ、一旦停止して周囲の様子を見渡す。左側に停止できない場合、右側に停止し、緊急車両用に中央部分を開けておく。キーはつけたままで、ドアロックをせず、歩いて避難するが、警察や道路管理者などの指示や案内、誘導があればそれに従う。

（7）電車やバスなどに乗っていた場合

新幹線や電車、バスに乗っていた場合、震度5弱以下なら即、一時停止、それ以上の場合、緊急停止し、安全が確認されれば運転が再開される。その際、将棋倒しにならないよう、落下物に注意しながら座席の背もたれに身をしっかりと固定したり、吊り革や手すりにつかまったり、座席の下にもぐり込んだりしてアナウンスや係員の指示を待つ。状況によっては非常ボタンを押して車外に避難するが、高圧電流に触れたり、他車に巻き込まれたりしないように注意する。

航空機の場合、酸素マスクが自動で手前に降りてきたり、救命胴衣（ライフジャケット）が支給されたりするため、係員の指示に従って脱出用シューターやミニボートなどで避難する。

船舶は沖合を航行中の場合、そのまま航行するため、係員の指示に従う。港内の場合、エンジンがすぐ止まり、係員はしかるべき指示をするのでそれに従う。停止していたり、船舶が係留したりしているときには船から下り、すばやく避難する。

11　津波の際の避難行動

「津波注意報」が発表され、強い地震や長い時間、揺れを感じたり、「大津波警報（特別警報）」や津波警報が発表されたら沿岸部や川沿いに居合わせたり、住宅のある

写真3-10　津波避難タワーの収容は100〜300人程度

（遠州灘に続く静岡県浜松市の浜名湖にて）

人は揺れを感じなくても高台に避難したりするが、状況によっては「津波注意報」の発表後、ただちに避難する。津波は繰り返して襲ってくるため、これらの警報や注意報などが解除されるまで海岸には絶対近寄らない。

海岸近くなどで大きな揺れを感じたり、弱くても長い時間ゆっくりとした揺れを感じたら、ただちに高台に避難する。その際、自治体が設置した避難タワーや避難階段、避難協力ビル、公園、神社、寺院、裏山に避難するが、その際、まずは自分の生命を最優先して避難する。余裕があれば家族や親戚、友人、知人と連れ立って避難したり、呼び戻しに行ったりする（写真3—10）。

12　火山噴火の際の避難行動

火山がある山に向かう場合、地元の市町村のHPなどでハザードマップを検索し、入山届を出してから行動を開始する。とくに活火山の場合、いつもよりも噴煙が多く見えたり、地鳴りが聞こえたり、火山ガスの匂いがしたりしたら異変である。このため、「噴火警戒レベル」が少なくとも2以下かどうか、確認する。

また、入山する前、周辺に山小屋や避難小屋、シェルターがあるか、さらに避難経路や避難場所はどこか、下調べをしておく。そのうえで、ヘルメットや非常食、携帯電話、携帯ラジオなどを持参、スイッチを入れたまま行動し、クマ除《よ》けを心がけるほか、山小屋や行き会う登山者と最新の情報を共有する。

万一、噴火に遭った場合、ヘルメットを即、着用し、噴石や溶岩流、火砕流、火山灰、火山ガス、熱風に注意しながら近くの山小屋や避難小屋、シェルターに避難する。山小屋などがない、また、あっても遠方の場合、噴石に見舞われないよう、岩陰に身を寄せたり、ハイマツなどの木々に潜り込み、様子を見て火山灰や火山ガスを吸い込まないよう、防塵マスクや防塵用ゴーグルを着けたり、タオルや口に当てたりして急いで下山する。

居合わせた登山者がいれば声をかけ合い、いずれの山小屋や避難小屋、シェルター、登山道に避難できるか、情報交換したり、食料を分配したりする。現場にビバーク（不時露営）せざるを得ない場合でも仲間の一人を伝令として下山させ、中腹や麓の山小屋や旅館、ホテル、山岳警備隊詰所、派出所（交番）、森林管理署（旧営林署）、役場などに緊急事態を告げ、救助を要請する。そのためにも山登りをする人は山岳保険に入り、万一の際の捜索費用に備えたい。

13　風水害の際の避難行動

台風や豪雨、河川の氾濫、洪水、浸水、山・崖崩れ、地滑りなどの土砂災害、突風、竜巻、フェーン現象などの風水害では周辺で山鳴りや石がぶつかる音、土や木の葉が腐ったような匂いがしたり、川が急に濁ったり、流木が混ざったり、水位が上がってきたり、斜面に割れ目が見えたり、斜面から水が湧き出たりするようになったりすれば要注意で、避難場所や避難ビルなどに早目に避難する。間に合わなければ外出をあきらめ、建物の2階以上に避難する。

その際、ヘルメットや防災頭巾をかぶり、長そで・長ズボン、燃えにくい木綿製品の衣類を着用したり、軍手や皮手袋をはめたりする。また、底の厚い靴を履き、非常用持ち出し袋をリックサックに入れるほか、連絡先をメモ書きし、玄関の扉などに貼り、非常持ち出し袋など最小限のものを携帯し、歩いて避難する。

14　原子力災害の際の避難行動

原子力災害は、政府や地元の自治体、あるいは新聞やテレビ、ラジオ、ウェブサイト、携帯電話などを通じ、その程度や放射能物質の拡散の状況に応じ、地元の住民に伝達されるため、これらの情報を受け、あらかじめ電力会社が策定した避難計画にもとづき、しかるべき避難所に避難する。また、災害時、被曝医療の拠点となる原子力災害拠点病院として指定を受けている医療機関がどこか、さらに、そのために必要な施設や設備、専門の医師、看護師などが整備、常駐されているか、チェックしておく。

なお、避難計画の対象は原発から30キロメートル圏内の自治体に限定されているうえ、事故の発生や原因、影響などの発表は電力会社次第のため、政府や自治体の発表などに頼らず、自主的に早期に避難する方が賢明である。また、自主避難した場合の補償や賠償についても確認しておくが、使用済みの高レベル放射性物質の最終処理施設の場所が決まっていないうえ、〝トイレのないマンション〟同然のため、避難行動には限界があるため、再稼働の停止はもとより、廃炉しかない。

いずれにしても、あらゆる災害を想定し、いざというときでもあわてず、生命や財産、生活を守るべく、日ごろからシェイクアウト（防災行動訓練）を重ねておくことが大切である。

15　救急医療

災害によって重症や重篤となった場合、１１９番通報し、救急指定病院などへの搬送を依頼する。切り傷やすり傷、刺し傷などを負ったときは血液に触れないよう、きれいな水などで汚れている部位を洗い流し、布やビニール、ゴム手袋、スーパーのレジ袋などで出血した部位を強く圧迫する、それでも止血しないときは布で圧迫し、勝手に動かさず、１１９番通報して救急車を呼ぶ。

ちなみに、体重60キログラムの成人の総血液量は約5リットルのため、その20％に当たる1リットルを失うと大出血となるおそれがある。異物を飲みこんでしまったら背中をたたき、吐き出す。

やけどの場合、その部位を冷水で十分冷やす。衣服の上からやけどをした場合、衣服を無理に脱がさず、そのまま冷やす。水ぶくれ（水泡）は破らず、冷やしたあと、ガーゼか、きれいな布きれで保護し、医療機関で処置してもらう。やけどの範囲が小さい場合、水道水で15分程度冷やす。広範囲の場合、体温の低下に注意し、10分以上の冷却は避ける。水泡は破らず、やけどの部位をできるだけ清潔な布などで覆う。

骨折してしまった場合、折れた部位に杖や雨傘、段ボール箱、新聞紙などを当て、その上下を固定する。そのうえで三角巾で吊ったあと、胸部に固定する。

体が震えたりしていた場合、衣服や毛布、新聞紙などで保温をする。状況によっては胸骨を圧迫したり、人工呼吸や心臓マッサージ、近くにあるＡＥＤ（自動体外式除細動器）を使った応急手当が必要だが、素人では手に負えないときは１１９番通報し、医師や看護師に救護を任せる。救命救急士の資格を持っていたら積極的に支援を申し出て、心肺停止などの被災者の蘇生や人工呼吸、胸骨圧迫に協力したい。

写真3-11　けが人は担架で搬送

（武蔵野市にて）

なお、これらの傷病者は仰向けに寝かせるのが基本だが、物を吐いたり、背中にけがをしていたらうつ伏せにする。呼吸はしているが、意識がない場合、横向きにして膝を90度に曲げて寝かせる。頭や腰、腹部、胸が苦しそうだったらクッションなどを当てて楽な姿勢にする。

熱中症や貧血、出血性ショックの場合、仰向けにして両足をクッションに当て、高くする。障害物があるため、脱出できない場合、角材や鉄パイプなどではさまれている人に声をかけて安心感を与え、周囲の人の手を借り、声をかけて救い出す。すき間があれば自動車用のジャッキやバール、のこぎり、ペンチ、チェーンソーで救出する。けが人は数人で抱き上げるか、着衣や椅子、毛布、畳で担架をつくって搬送する（写真3―11）。

医療救護所では医師の判断によって重症者が優先される。これをトリアージというが、医師や看護師、保健師、ケアマネジャー（介護支援専門員）、ホームヘルパー（訪問介護員、介護職員初任者研修修了者）、生活支援相談員、地域福祉コーディネーター、災害ボランティア、救急隊員、警察官、自衛隊員、消防団員が待機しているため、これらの専門家より各種相談や治療、ケアを受けるが、自分よりも救急医療が必要な人がいたら、その人を優先してもらうむね申し出る。

16　避難場所

避難場所は、基本的には公園や緑地などの広域避難場所、小・

図表3-1　避難場所の種類

広域避難場所	公園や緑地など
避難広場	小・中・高校の校庭やグラウンドなど
避難施設（避難所）	小・中・高校の講堂や体育館など
福祉避難施設（福祉避難所）	高齢者福祉施設・障害者支援施設・児童養護施設・社会福祉会館、社会福祉センターなど
一時滞在施設	図書館など

（出典：筆者作成）

中・高校の校庭やグラウンドなどの避難広場、小・中・高校の講堂や体育館、公民館、コミセンなどの避難施設（避難所）、高齢者福祉施設や障害者支援施設、児童養護施設、福祉会館、社会福祉センターなどの福祉避難施設（福祉避難所）、図書館など公共施設の一時滞在施設に区分されているが、それ以外に近くて安全な場所があったら躊躇《ちゅうちょ》せず、即、そちらに避難する（図表3―1）。

なお、災害時の避難は発生直後のことで、その後、3日から1週間程度長引けばしばらく自宅に帰ることができなくなり、避難先での避難生活となる。もっとも、小・中・高校の講堂や体育館などといっても地域によっては耐震化が遅れているところもあるため、事前に自治体の教育委員会や学校のHPなどで確認しておく(2)。

また、自治体により小・中学校や公園などが一時集合場所に指定されていればまずそちらへ一時避難する。さらに、一般の住民は高齢者や障害者、児童、妊婦など災害時要配慮者を対象にした福祉避難所への避難は収容に余裕がある以外、遠慮する。逆に、これらの災害時要配慮者が福祉避難所に避難できず、避難所に避難してきたときは温かく迎え、声をかけたり、手をさし出したりして支援する。

ちなみに、2016(平成28)年の熊本地震では登山用のテントやトレーラー、刑務所の開放などの利活用がみられたが、このような地域特性に応じた臨機応変の対応も必要である。

17　避難所などでの行動

避難所や福祉避難所、避難ビルでは自治体の係員に名前や住所、連絡先を告げ、どこで過ごせるか、指示に従う。災害用伝言ダイヤル（117番）や携帯電話の災害用伝言板への安否確認板などの情報の発信や受信にも努める。また、災害対策や災害ボランティアセンターの設営がこれからの場合、施設の管理担当者や町内会、自治会、自主防災組織、消防団、自治体、社協など関係者の指示に従い、協力を申し出る。

避難所では通常、毛布が支給される程度のため、段ボール箱やカーテンなどでパーテーションをつくり、プライバシーの保護に努める。その際、視覚障害者は掲示板や貼り紙では避難所への移動や食料、飲料水の配給などの情報が得られないほか、仮設トイレなどの使用も困難である。また、車椅子を使用する身体障害者は狭い通路や段差の多い避難所では移動が困難であるため、特段の配慮が必要である。

飲料水が配給される場合、ポリタンクやペットボトル、ポリ袋や段ボール箱、風呂敷を組み合わせたもので受け取る。トイレはポリ袋とバケツや段ボール箱でつくって用を足す。赤ちゃんがいる場合、レジ袋やさらし、タオルなどで簡易おむつをつくる。

枕はポリ袋を膨らませたり、ボールなどで代用する。ランタンもポリ袋やペットボトルに懐中電灯を結びつけたりして使う。

食器はペットボトルや牛乳パック、新聞紙などを使ってつくる。コンロはアルミ缶やアルミホイル、凧糸、つまようじ、ハサミ、サラダオイルで代用する。

なお、見知らぬ人と居合わせても気軽に声をかけ、励まし合うとともに、自分でできることを積極的に申し出るなど避難所での運営に参加し、災害関連死を出さないようにする。

また、うがいや手洗いを励行するが、マスクの用意も忘れない。さらに、疲労やストレスがたまって体調を崩してしまうこともあるため、適度に体をもみほぐしたり、外に出てラジオ体操や散歩、ジョギング、ストレッチ体操をし、心身の機能の回復や気分転換を図る。子どもがいれば一緒にキャッチボールや追いかけっこ、絵本の読み書きなどで日常生活並みの変化をつけたい。

学校や公民館、コミセン、図書館、公園などでマイカーや自前のテントで避難生活する場合、隣の車との感覚をできるだけ開けて停め、窓を時々開けて換気をし、一酸化炭素中毒にならないようにする。その際、夏場は外気を適当に入れながらエアコンを動かす。

車内では座ったままの時間が多くなりがちなため、足の指やつま先を動かしたり、時折、車外に出てラジオ体操などをしたりする。また、水分を十分とって脱水症状や肺塞栓症などのエコノミークラス症候群、生活不活発病にならないよう、注意する。

トイレは我慢すると健康によくないため、遠慮せず、しかし、ルールを守って行動する。公園のマンホールや段ボール、ポータブルトイレを代用する場合もあるが、断水しても使えるよう、ゴミ袋や新聞紙などを応用した便袋や携帯トイレ、簡易トイレ、段ボール、消臭剤、凝固剤、消毒用アルコール、除菌シートを用意する。

簡易トイレは段ボール箱にポリ袋と新聞紙を入れる。ないときは地面に1～1・5メートルの穴を掘り、穴の上に2本の板を掛けたうえ、四方に4本の棒を立て、ビニールシートや毛布、ベニヤ板などで囲って目隠しをして使用せざるを得ないが、必ず災害対策本部の了解を得て行う。

喫煙は周囲の人に迷惑をかけないよう、また、出火の原因とならないよう、睡眠や消灯ととも

写真3−12　仮設住宅への入居は原則２年間

（岩手県釜石市にて）

に避難所などのルールを考えて秩序を保つのは常識である。

なお、避難生活が長引けばプレハブの仮設住宅や民間アパートを借り上げた、みなし仮設住宅、災害公営住宅（復興住宅）、または自宅の再建や移住となるが、見知らぬ者同士の共同生活となるため、団らんのできる場所を見つけてコミュニティの再生に努め、孤立しないようにしたい。

ちなみに、避難所はおおむね2週間以内、仮設住宅は同2年間入居、災害公営住宅は恒久的に入居できるが、家賃は世帯者の収入や家族構成などによって負担することになる（写真3―12）。

18　生活再建

生活再建は、大規模災害の場合、政府や自治体による用地買収や集団移転、居住地の再発防止、仮設住宅および災害公営住宅の建築、住民の自力再建への支援など復旧・復興となる。このため、住宅を改築したり、新築したりする、あるいは被災地以外の中古住宅を購入したり、仮設住宅や災害公営住宅に身を寄せたり、事業を再開したりする場合、返済を軽減した個人向けの住宅ローンを受けられるか、相談する。

ちなみに、被災した自宅を改築する場合、罹災《りさい》証明書の交付を市町村に要請するが、その際、第一次調査は建物の概観、第二次調査は内部として実施される。認定は全壊が50％以上、大規模半壊が40~50%未満、半壊は20~40%未満だが、結果に不満の場合、不服を申し立てる。

ただし、活断層があることがわかった場合、今までのように生活ができるか、悩ましい状況におかれるおそれもある。その場合、自治体が住民説明会などを開き、前後策を提案することになるため、それを待って家族や友人・知人、町内会、自治会などに相談して結論を出す。

マンションや団地などの集合住宅の建て替えは所有者の5分の4以上の同意に加え、各棟の3分の2以上の同意がなければできない。もっとも、建物が同じ敷地に2棟以上ある場合、福祉施設や公共施設も含めて再開発すれば3分の2以上の同意が得られれば再建できるが、その際、自治体の都市計画の決定が必要である。

なお、火災保険や地震保険に加入していたら保険会社にそのむねを伝え、保険金の受け取りの手続きをする。

勤務先が倒壊し、解雇されたら公共職業安定所（ハローワーク）に相談し、求職活動を始める。その際、職業訓練が必要かどうかも確認する。市町村によっては臨時職員として雇用される可能性もある。

また、倒壊した住宅の改築や新築、自己破産など生活資金を確保したい場合、自治体に被災者生活再建支援金や災害援護資金の給付、あるいは生活再建支援金、あるいは社協に生活福祉資金の貸付を申し込むこともできる。生活保護の申請は最寄りの福祉事務所である。

小売業などの自営業は事業の継続のため、従業員に対する休業手当などを雇用調整助成金として助成してもらえるか、災害復旧貸付や各種融資を自治体に相談する。

学校に復学する際、緊急・応急の奨学金を日本学生支援機構や政府に教育ローン災害特別措置を相談する。不幸にして家族が死亡した場合、災害弔慰金、けがや疾病によって障害が残ったら災害障害見舞金を自治体に申請する（図表3－2、図表3－3）。

一方、住宅や家財、衣類などに損害が出たり、所得が減ったりした場合、最寄りの税務署に雑損控除や所得税の災害減免を申請する。

具体的には、年間給与所得が2000万円以下の場合、所得税の確定申告は不要だが、住宅や家財が時価の2分の1以上被災した場合、被災した年間所得が500万円以下なら全額、750万円以下なら2分の1、750万～1000万以下なら4分の1、それぞれ所得税が減免

図表3-2　災害弔慰金

生計維持者	市町村の条例で定める額（東京都：500万円）
その他の者	同　　　　（　同　250万円）

注：配偶者、子、父母、孫、祖父母、もしくは兄弟姉妹（死亡当時、その者のと同居、または生計が同じ者）

（出典：東京都『東京防災』2015年より筆者作成）

図表3-3　災害障害見舞金

生計維持者	市町村の条例で定める額（東京都：250万円）
その他の者	同　　　　（　同　125万円）

注：いずれも両眼の失明など重度

（出典：東京都『東京防災』2015年より筆者作成）

される。さらに、住民税や固定資産税、個人事業税、国民健康保険料、国民年金保険料、介護保険料、電気・ガス・上下水道・NHK受信料、専門学校や短期大学、大学の授業料などの控除や減免を受けられる場合もあるため、各窓口に申請する。

なお、複数の県にまたがる「広域災害」の場合、各地に避難した住民が復旧工事の遅れや放射性物質の汚染への警戒心によって帰郷できず、人口減少に伴う税収難や復旧工事などへの新たな負担や人材難、先祖代々の土地の維持や復興に欠かせない事業所の進出難など一自治体では対応できない復旧・復興には政府および他の自治体、企業など事業者の理解と協力、災害ボランティアの支援が受けられる。

【注】

(1) 拙編著『市町村合併と地域福祉』ミネルヴァ書房、2007年。

(2) 文部科学省の調査によると、全国の公立小・中学校本体の耐震化率は100%近くまで進んでいるものの、窓ガラスや照明器具、壁、ロッカー、本棚などの非構造部材の耐震化率は新潟99・0%、青森96・2%、奈良23・6%、宮崎23・8%など都道府県によってばらつきがあり、平均71%にとどまっている。「朝日新聞」2017年1月30日付。

第4章 互助

1 家族や地域での絆《きずな》づくり

(1) 家族で防災会議と防災訓練

次に、互助について述べたい。

互助は、自分の家族や兄弟、親戚はもとより、隣近所の友人や知人との助け合いをいう。

具体的には、第1章で述べた災害の種類と発生の原因はもとより、災害情報の種類や発令の理解、情報の共有、備蓄用品の種類や保管場所、災害に備えた保険、市町村が指定した避難場所や避難所、自治体や消防署、消防団、警察署、町内会、自治会、団地自治会、管理組合、社協など関係機関の動向、災害時の避難行動、負傷した際の救急医療、避難所などでの行動、生活再建についいて家族で防災会議を定期的に開き、それぞれ役割分担をしておく。そのうえで、どのような災害のとき、どのようなものをだれが持ち出し、いかなる服装でどこへ避難したのち、安否確認の情報の共有を携帯電話などで連絡し合うか、話し合っておく。

そして、週末や祝祭日、家族全員で自宅やその周辺の地勢、立地、避難経路や避難場所、およびそこまでに行く経路や時間、さらに、避難生活の送り方や生活再建など時系列的なタイムラインを立て、実際に歩くなどして確認する。

このほか、家族で日程を調整し、連休や夏休み、正月休みに被災地に出かけ、その復旧・復興の状況や被災者の災害時の様子、体験談から得た教訓、避難生活、生活再建、自治体や社協の災害ボランティアセンター、高齢者や障害者、児童、妊婦などの福祉避難所、病院や診療所など医療機関の医療救護所、震災の遭難碑や震災遺構などを視察し、防災や減災への備え、被災地や被災者への支援を考える。

世帯主が単身赴任や海外に出張中のため、ふだん、家族がなかなか一緒になれない場合でも月に1回は会い、災害時、避難場所や避難所に行けなかったり、受け入れられなかったりした場合、車中泊やテント生活をする、または親戚や友人、知人宅に一時、身を寄せられるか、話し合っておく。そして、連休や夏休み、正月休みのとき、防災会議や防災訓練をしておきたい。

なお、高齢で夫婦だけ、あるいは一人暮らしの場合、ふだんから近所付き合いを心がけ、友人や知人をつくったり、町内会や自治会、団地自治会、管理組合、民生委員・児童委員にそのむね事情を話し、防災や減災に努めたい。くわしくは次節で述べる。

（２）隣近所との付き合い

ところで、核家族化が進んでいるなか、兄弟や親戚は別居、それも遠方に住んでいる場合が多いのが一般的である。世帯主が単身赴任や海外に出張中、あるいは高齢で夫婦だけ、さらには一人暮らしの場合もある。

そこで、日ごろから隣近所の人たちに挨拶をするなど親しんでおく。なぜなら、兄弟や親戚があっても「兄弟は他人の始まり」「遠くの親戚よりも近くの他人」だからである。

この点、地方は少子高齢化などによって過疎化が進んでいるものの、農林水産業や町内会、自治会、農業協同組合（農協）、森林組合、漁業協同組合（漁協）、通勤、通学、市町村への手続きやスーパー、コンビニへの買い物、施設への通所、病院や診療所などの医療機関や保険調剤薬局などへの通院、通所、冠婚葬祭などを通じ、共同体意識が比較的根強いため、だれがどこに住んでいて、どのような家族構成で世帯主の職業は何かなど、ほとんど知っており、買い物や通院、通所などの際、だれというなく自動車に同乗したり、用件を代行し合う光景など日常茶飯事である。

これに対し、都市部では先祖代々から定住している旧住民のなかに地方から若者が進学や就職で移住、その後、一家を構えて生計を維持し、老後の生活を送るものの、旧住民との間の近所付き合いが不得手だったり、関心を持たなかったり、町内会や自治会に入らなかったりしている地域が多いため、共同体意識が醸成されない傾向にある。なぜなら、健康で生活費に事欠かなければスーパーやコンビニ、病院、診療所などの医療機関や保険調剤薬局などが多いうえ、交通機関も便利なため、一向に困らないからである。

しかし、加齢によって病弱となればそれもできなくなり、孤立する懸念がある。そこへ、災害に見舞われたらだれも助けてくれないことは阪神・淡路大震災が教えている。このため、都市部では平常時はもとより、災害時に備え、日ごろから隣近所の友人や知人との付き合いを大切にしておきたい。

写真4−1　都市部ではまず黙礼や挨拶から近所付き合い

（西東京市にて）

具体的には、近所の人と顔を合わせたら積極的に挨拶をし、いざというとき、助け合いができるよう、顔見知りになっておく。もっとも、最初からいきなり見知らぬ人に「おはようございます」、あるいは「こんにちは」などといったりしようものなら不審そうに思われるのが大方の傾向である。

そこで、まずは黙礼から始める。そのうちに何度も顔を合わせ、顔を向けてくれるようになったら、「おはようございます」、あるいは「こんにちは」などと声をかける。

その際、反応があれば「今日はいい天気になってよかったですね」、あるいは子どもやペットが一緒なら「可愛いですね。何歳ですか」などと会話を続け、世間話もできるようになればやがて友人や知人となることができる（写真4―1）。

（3）地域活動への参加

また、町内会や自治会、団地自治会、管理組合に入ったり、民生委員・児童委員に相談したり、地域の公民館やコミセン、団地集会所、図書館、あるいは土・日曜日、地域に開放される学校や住民の有志が運営しているコミュニティカフェなどに参加したりすれば自ずと友人や知人をつくり、絆を深めることができる。

ただし、この場合、一般的に年500～1,000円の会費が必要なほか、参加の都度、100～500円の茶菓子代などの負担も出てくる。もっとも、地域の慣習やゴミの出し方、さらにはカラオケや囲碁、将棋、麻雀、パソコン教室、男性料理教室、政治・経済などの講話、散歩、ウォーキング、ハイキング、ゴルフ、食事会、クリスマス会、新年会、忘年会、共同募金活動、防災訓練などのイベントなどを行っているため、自分の趣味や好み、関心事によって気軽に参加すれば仲間も楽しさも2倍から3倍へと増えるはずである。夫婦で参加すれば理想的だが、高齢の世帯や一人暮らしでも遠慮なく参加したい。

具体的には、個人で、あるいは家族で興味や関心のあるものを自治体や社協の広報紙や町内会、自治会の回覧板や掲示版、ミニコミ紙などを見て、これはと思ったら電話や電子メールで参加の資格や会費の有無などを照会し、参加してみる。場合によっては毎年、あるいは毎月、定期的に開催されており、役員をしている友人や知人がいる場合もあるため、その活動の様子を聞く。

また、地域によっては筆者のように住民の有志が自宅、あるいは商店街や社会福祉施設、病院などでコミュティカフェや居場所として地域に開放しているところもあるため、このような

写真4-2　自治体主催のイベントも地域デビューのチャンス

（西東京市の商業ビルにて）

所に立ち寄りたい。さらに、地域には必ず消防団があるため、平常時の仲間づくりや防災、減災に協力する地域活動のきわめつきとして団員として応募してみてもよい（写真4―2）。

（4）趣味のサークル活動

このほか、囲碁や将棋、ゴルフ、麻雀、カラオケ、卓球、草野球、ウォーキング、ハイキング、料理、琴、山歩きを楽しむ趣味のサークル活動に参加し、災害時、互いに助け合いができる仲間をつくるのも一考である。もっとも、仲間の住居地が広域的な場合、災害時の互助もままならないことがある。

要は、日ごろから災害に備えた近所付き合いや交流を大事にするかしないかの認識の違いである。もっとも、地域活動は無理をせず、やり

写真4−3　「広域災害」も考えた仲間づくり

（新宿区目白のNPOニホン・アクティブライフ・クラブの新年会にて）

くりできる時間の範囲内で、かつ仲間と役割分担をし、特定の仲間にだけ負担を強《し》いらないよう、余力の範囲で地道に行うことがポイントである。

具体的には、自分の趣味や特技などキャリアを生かせる役職に就くとともに役員や世話役は1～2年交代で全員が務め、10年、20年と持続可能性を図るべく、次世代の参加も促すことが大切である（写真4―3）。

（5）社協の会員になる

ところで、各市町村には住民であれば一世帯当たり年間500～1000円の会費を納め、会員になって高齢者や障害者、児童、妊婦などの災害時要配慮者はもとより、生活保護世帯を対象にした福祉サービスを廉価で利用できる社協が設置されているため、このような地域福祉の団体に加入し、地域での友人や知人など仲間をつくることもできる。

具体的には、小・中学校通学区域ごとに「ふれあい・いきいきサロン」を開いたり、町内会や自治会、団地自治会、管理組合、民生委員・児童委員と連携、高齢者や障害者、児童、妊婦など災害時要配慮者の見守りや安否確認などのボランティア活動を行ったりしている。

また、地域の病院や診療所などの医療機関、特別養護老人ホームなど社会福祉施設への入院・入所、通所サービスの紹介、判断能力が減退した老親《ろうしん》の財産管理や身上保護を司法書士や行政書士などの専門職と連携し、成年後見制度を行うなど各種相談やサービスの提供に努めている。さらに、近年、高齢者や障害者、児童、妊婦など災害時要配慮者の避難誘導やボランティア・市民活動センター、災害ボランティアセンターの運営などに取り組んでいるため、会員になれば仲間同士で災害時の救援や被災者の支援などに効果的である。

　このほか、地域福祉活動計画を策定し、平常時の見守りや安否確認などの活動を災害時に生かす防災福祉コミュニティの形成に努めつつあるため、積極的に参加して仲間をつくったり、情報を集めたりすることもできる。また、自治体によっては防災アドバイザーを配置し、自主防災組織の結成や防災、心肺蘇生のＡＥＤの使い方などの出前講座・研修、体験訓練、災害図

写真4−4　地域防災にも取り組む社協

（島根県海士《あま》町社協にて）

上訓練（ＤＩＧ）もしている。

ただし、いずれの地域活動であっても参加者の個人情報の保護や政治、宗教の自由はだれにでも保障されるべきであるため、これらに関わる話はご法度である。もとより、地域によっては選挙の際、立候補者やその支援者がこのような場を利用し、アピールすることもままみられるため、政治的に利用されないよう、注意したい（写真4―4）。

2　防災・減災への備え

(1) 周辺のチェックと備蓄用品のシェア

さて、これらの地域の団体に参加したら、防災と減災のための行動に移す。

具体的には、自助と同様、互いの自宅やその周辺の地勢や立地、地名などについて、みんなで地形図や住宅地図、古地図、過去の災害の遭難碑や震災遺構、登記簿、郷土史、新聞、テレビ、町内会や自治体の回覧板、掲示板、自治体や社協の広報紙、ハザードマップ（被害予測地図）、地域防災計画などをチェックする。

たとえば、第1章で述べたように、自宅は丘陵地や高台、切り土か、それとも埋立地や低地、急傾斜地、盛り土、表層地盤、火山灰地の上にあるか、確認する。その結果、これらの土地で、かつ過去に再三、災害に見舞われていれば互いに注意し合う。このような付き合いがあれば仮に自宅の改修を行う場合でも一声かければよく、改めてタオルなどを隣近所に渡して工事の了承を得ることもない（写真4―5）。

また、乾パンやチョコレート、レトルト食品などの食料や飲料水の備蓄やヘルメット、防空頭巾、寝袋、毛布、懐中電灯、携帯ラジオ、携帯充電器、災害用ホイッスル、衛生用品、預金通帳や保険証、権利証などを入れた非常用持ち出し袋などの備蓄や保管もみんなでシェアし、自宅の玄関などにまとめ、互いの連絡先をメモした連絡帖をつくっておく。この結果、災害時、だれがこれらの食料や飲料水を持ってどこに避難すべきか、だれに緊急の連絡をすべきか、戸惑うこともない。

写真4−5　みんなで防災ウオッチング

（名古屋市にて）

（2）自主防災活動と防災訓練

このような地域活動のなかで究極は自主防災活動と消防団への参加である。

このうち、自主防災活動は災害時の食料や飲料水の備蓄、高齢者や障害者、児童、妊婦など災害時要配慮者の支援台帳の作成などを通じ、平常時の見守りや安否確認、防災訓練などを通じ、災害時の避難活動や避難生活、生活再建などに英知を集め、防災や減災に努める地域活動である。

一般的には町内会や自治会が行政や消防署の呼びかけに応えて自主防災組織などを結成、活動するが、町内会や自治会が役員や会員の高齢化でそのような活動が停滞している場合、積極的にこれらの役員に活動の継続を提案すべく会員になりたいむね申し出て、総会で協議してもらう。

そして、災害時、自治体の指定した避難場所はどこか、また、そこへ行くまでの避難経路は安全か、さらに、交通手段は自動車に頼らず、自転車や徒歩でどれくらいの時間で行くことができるか、途中、ブロック塀や電柱、広告塔、看板、自動販売機、側溝などの危険物はないか、災害時、避難場所の指定地以外に、より近くに安全な高台や裏山などはないか、みんなでウォッチングして確認する。そのためにも市町村が策定している地域防災計画、および社協の地域福祉活動計画を取り寄せ、小・中学校通学区域ごとの地区防災計画を作成、高齢者や障害者、児童、妊婦など災害時要配慮者を支援すべく、自治体や消防署の防災センターで災害図上訓練、さらに学校や公園で宿泊訓練、防災キャンプなどの防災訓練を繰り返して行っておく。

具体的には、災害時、自治体が指定した避難場所はどこか、また、そこへ行くまでの避難経路は安全か、さらに、交通手段は自動車に頼らず、自転車や徒歩でどれくらいの時間で行くことができるか、途中、ブロック塀や電柱、広告塔、看板、自動販売機、側溝などの危険物はないか、災害時、避難場所の指定地以外に、より近くに安全な高台や裏山などはないか、みんなでウォッチングして確認したりして防災訓練を繰り返し行っておけば理想的である（写真4－6）。

一方、消防団は消防組織法にもとづき、住民の有志で市町村に設置され、1956（昭和31）年、全国に約180万人いたが、その後、年々減少しており、2017（平成29）年現在、同85万人となっている。このため、志望者は大歓

写真4-6　消防団の指導による防災訓練

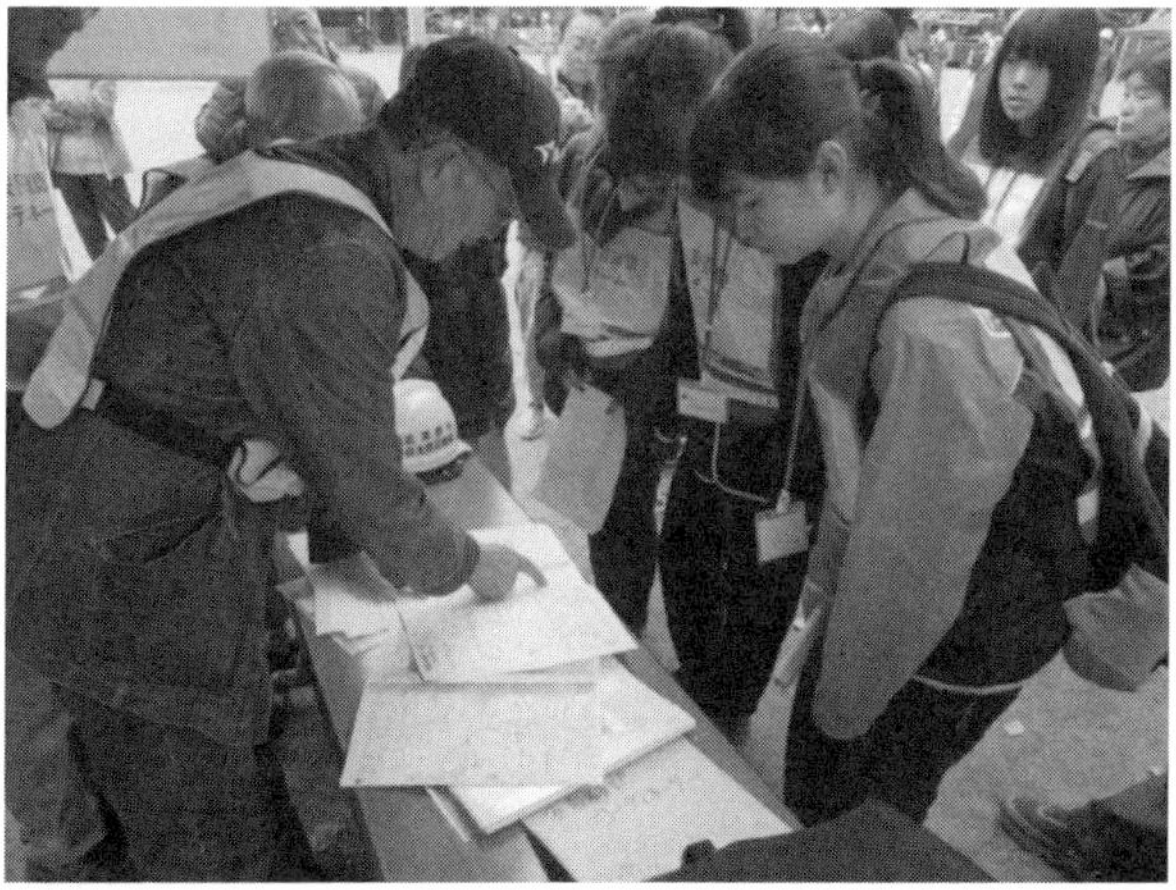

（武蔵野市にて）

迎されるはずである。

ちなみに、その事務所は地域のあちこちにあり、ふだんは閉まっていても、近くの消防署や防災センター、消防会館に照会すればすぐにわかる。また、防災センターや消防会館では地震の体験コーナーもある

（3）イベントの開催

自治体や社協、あるいは防災科学や社会福祉などの研究者や学生、大学院生は大学や市民会館、コミセン、公民館などを利用し、だれでも参加できる防災および減災のための講演会やシンポジウム、ワークショップ、読書会などを開き、情報共有することも検討したい。

その際、単に意見交換するだけでなく、その結果をインターネットで配信したり、報告書に

写真4−7　保健・医療・福祉などの専門職も情報共有したい

（東京都千代田区での避難所・避難生活学会にて）

まとめ、所用で参加できなかった住民にも広く情報提供をして広報・啓発に努め、災害時に備えたい（写真4―7）。

3　災害時の活動

（1）安全の確保と避難行動

さて、万一、災害に見舞われたら、まず自分の生命や財産、生活を最優先すべく、その場での安全を確保すべく、脱出口をつくる。同時に、テレビやラジオ、携帯電話などで災害情報を入手し、その規模や程度、周囲の被災状態などをみて在宅避難がベターか、指定された避難場所に向かうべく避難経路をたどるべきか、判断する。そのうえで、余裕があれば家族や知人、友人の安否を確認し、互いに在宅避難、避難場所への避難のいずれがよいか、情報を共有して最善の行動をとる。

その際、救助が必要な家族や友人、知人がいたら互いに声をかけ合って助け合う。とりわけ、高齢者や障害者、児童、妊婦など災害時要配慮者の救助や避難誘導にあたっては日ごろのルールに従って支援する。

ただし、行方不明だったり、けがをしていたりしている場合、軽ければ救護に当たるが、素人では手に負えない場合、１１９番通報して救急車を要請、医療機関などへの搬送を依頼する。

なお、避難所では自治体による災害対策本部、社協による災害ボランティアセンターが設置されるため、被災者の支援に取りかかる場合、被災者の連絡や掲示、関係機関への連絡、広報、被災者の受付、食料や飲料水の確保、炊き出し、感染症や食中毒、熱中症の予防、トイレの使用法、喫煙や睡眠と消灯のルールづくり、犠牲者の死去に伴う対応、災害ボランティアの受け入れや支援物資の受け取り、仕分け、配給、同行避難したペットの世話、防犯対策などに協力したい。

（2）避難生活と生活再建

被災した際の避難場所、あるいは避難所や仮設住宅、災害公営住宅、親戚、友人、知人宅などにおける避難生活と生活再建では被災者が被災前のノウハウを生かし、居合わせた者同士が協力し合って避難生活と生活再建に取り組む。

具体的には、災害に遭って避難生活を送らざるを得ない場合、民間の借り上げアパート、仮設住宅や災害公営住宅などに入居できるか、兄弟や親戚、あるいは友人や知人宅に一時、身を寄せ、見知らぬ同士が声をかけ合い、励まし合い、見知らぬ被災者との新たな人間関係づくりができず、孤立して鬱《うつ》状態になったり、家族を失って前途を悲観して自殺したり、児童がいじめを受けて不登校になったりしないよう、希望を持つとともに互いに励まし合いたい。

写真4-8 キャンピングカーなどで避難生活の体験も

（長野県軽井沢町にて）

なお、別荘があればそこに食料や飲料水などを備蓄、災害時の避難場所としてもよいが、その場合、周辺の別荘のオーナーや管理事務所、地元の町内会や自治会、消防団員ら関係者と日ごろから親しくしておきたい。

また、マイカーはＳＵＶ（多目的自動車）やワンボックスカー、キャンピングカーに乗り換え、車内に食料や飲料水、毛布などを常備するとともにキッチンや冷蔵庫などもセットし、週末や連休、夏休みなどに家族でオートキャンピング場や公園などで仮泊、炊事場やトイレはどこで可能か、避難場所も確認した避難訓練を積み重ね、災害時に備えることも一考である（写真4―8）。

また、避難所では避難所の設置や安全点検、災害情報の収集・発信・共有、避難生活の記録、地元の町内会、自治会、自主防災組織との連携、メディアの対応など総務や被災者の管理、情報、食料・飲料水、施設管理、保健衛生、高齢者や障害者、児童、妊婦などの災害時要配慮者、災害ボランティアなど各班の設置・運営、および食料や飲料水の調達や受け入れ、仕分け、配給、調理、炊き出し、防火・防犯、ゴミ出しと処理、風呂、トイレ、掃除、衛生管理、医療・介護、生活用水の管理、高齢者や障害者、児童、妊婦など災害時要配慮者の支援、災害ボランティアの受け入れ、部屋割り、共有スペースの確保、起床、食事時間、掃除、洗濯、ごみ処理、就寝、喫煙などのルールづくり、避難生活計画書の作成、さらにはペットの世話などに当たる。

なお、福祉避難所は高齢者や障害者、児童、妊婦など災害時要配慮者の入所・通所施設、医療救護所は入院・通院患者の病院や診療所でそれぞれの利用要件や専門職の配置基準、運営基準によって設置、運用されるため、受け入れなどの余裕がない限り、一般の被災者は利用できないことを明示しておく。

一方、生活再建では各地からの支援物資や義援金、支援金をもとに仮設住宅の空きスペースや被災が一部損壊で済んだ自宅の一室、店舗を設置、地域に開放し、だれでもぷらっと立ち寄り、憩えるコミュニティカフェを開いたり、地元の農林水産物の即売をしたり、移動販売車を運行していたりして被災者の悩み事や相談に乗ったり、意見交換をしたり、励まし合ったり、買い物などの支援をしたりする。そこで、互いに消費者であるとともに、被災者でもあるという仲間意識を持ったり、地元や最寄りの大学生などの災害ボランティアなどに支援を求めたりして交流の場ともなるよう、運営に工夫をこらしたい。

とりわけ、保育士や教師の経験のある被災者や学生が乳幼児や児童に無認可保育所や授業の補習のための学習塾を無料、または廉価で開いたりして互いに励まし合い、引きこもりや孤独死、前途を悲観しての自殺などを防ぐ。

また、地場産業の農林水産業を復活させ、避難所や災害公営住宅、一部損壊で済んだり、全壊を免れた学校や公民館、コミセン、スーパー、コンビニ、店舗、農協、森林組合、漁協の事務所の一角や公園、広場などを仮店舗としてオープンし、被災者の食料・飲料水の調達や他の地域から支援や視察、観光で訪れた関係者に地産地消、あるいは地産〝他消〟として、またはウェブサイトを設けたり、都市部の生協やスーパー、コンビニと提携したりしてトラックなどの陸送、通信販売などで遠方の消費者に即売したりして被災地の復興、あるいは被災者の生活再建の足しにする。

さらに、東日本大震災の被災地のように自治体がJRなどの駅前や商店街の跡地、あるいは移転した高台の住宅地の一角に集会所や交流センターなどを設置、被災者の買い物支援や交流を図ってもよい。しかも、このような公的な施設の運営費は補助事業として実施されるのが大半のため、積極的に関わり、被災者同士の助け合いや他地域からの災害ボランティアの支援活動の情報発信地として活用したい（写真4―9）。

写真4-9　被災地に設置された仮店舗

（東京電力福島第一原発事故被災地の浪江町にて）

このほか、地元の農協や森林組合、漁協、商店街、企業など民間事業所も社会貢献や地域再生のため、平常時はもとより、災害時においても従業者の安全・安心の確保のため、事業所内の避難所の整備や食料・飲料水、非常用電気の備蓄はもとより、周辺住民の避難所としての開放、また、従業員の災害ボランティアとしての被災地への派遣、被災者への義援金や支援金の募集・送金、寄付などを通じ、共助としての社会貢献活動に努めたい。

生活再建は、大規模災害の場合、政府や自治体によって用地買収や集団移転、居住地の再発防止、仮設住宅および災害公営住宅の建築、住民の自力再建への支援、災害で使い物にならなくなった家具などの愛用品（1）の後片づけの処理などが復旧・復興の第一歩となる。その際、倒壊した住宅の改築や新築、自己破産など生活資金を確保したい場合、自治体に被災者生活再建支援金や災害援護資金の給付、あるいは社協に生活福祉資金の貸付を申し込むほか、住宅ローンの利用、自治体への罹災証明書の申請による改築費用、火災保険や地震保険への申請が必要となる。

一方、勤務先が倒壊し、解雇されたら公共職業安定所に求職する。また、小売業などの自営業は従業員に対する休業手当などを雇用調整助成金の助成や災害復旧貸付、各種融資を自治体に相談する。このほか、学校に復学する際、日本学生支援機構の奨学金、政府の教育ローン災害特別措置を考える。

家族が死傷した場合、災害弔慰金や災害障害見舞金を自治体に申請する。住宅や家財、衣類などに損害が出たり、所得が減ったりした場合、最寄りの税務署に雑損控除や所得税の災害減免を申請する。

なお、津波の被災地の復旧・復興では政府や地元の自治体が再発防止のため、被災者との協議を十分せず、都市部のゼネコン（総合建設会社）など業者と癒着した防潮堤のかさ上げや道路の新設、住宅地の高台への移転などの工事を進めているところが少なくない。そこで、このような被災者など住民の意向を無視したり、合意形成が不十分なまま復旧・復興工事を強行する場合もあるため、納得がいくまで協議を重ね、かつ復旧工事後、コミュニティの再生、あるいは新生をめざし、住民説明会などに顔を出して意見表明したい（写真4―10）。

なお、近年、外国人の工場労働者が多い地方、また、留学生や技能実習生が多い都市部ではこれら外国人に対しても片言の英語やゼスチャーなどを交えるなど、国籍を超え、共同体意識を高めていけば、災害時、その絆を通じて避難誘導に協力できる。それはまた、外国の文化や生活習慣、考え方なども理解できるため、「一石二鳥」である。

いずれにしても、このように災害時においても政府および自治体の公助をベースにしながらも、国民・住民一人ひとりの自助、家族や住民の互助、ボランティアやNPO、企業など民間事業所の共助により、最小限度の被害で済むよう、防災福祉コミュニティの形成に取り組むこ

写真4-10　高台移転した住宅地

（東日本大震災の津波被災地の岩手県宮古市にて）

とが必要である。

4　被災後の振り返り

最後は、このような地域福祉や地域防災を通じ、防災福祉文化を醸成し、同じような災害を繰り返さないよう、再発防止に努める。

具体的には、地域によっては過去の災害の遭難碑や震災遺構が保存されていたり、危険箇所は古地図や地名、自治体の名称にその名が残されているものの、明治、昭和、平成と続く市町村合併や都市計画による町名変更などによってこれらの地名、自治体の名称が影をひそめ、後世の国民・住民に災害への備えを脆弱化させているところが少なくない。

そこで、不幸にして災害に襲われても同じような災害を繰り返さないよう、悲しみを乗り越え、遭難碑や震災遺構を被災地の一角に建てたり、残したりして、風化を防ぎたい。

また、地域での先人たちの悲惨な体験があれば仲間と振り返り、かつ遺訓として受け止め、被災の体験集を作成したり、近くの消防会館や防災センターを活用し、被災当時の映像や資料、遭難碑や震災遺構などを見たり、被災者の体験談を聞いたり、新聞や雑誌の記事やテレビ番組を録画したり、政府の電子情報などを活用したりして情報を共有する。そして、これらを教材にして

写真4-11　伊勢湾台風の被災の模様を伝える記念館

（三重県桑名市の伊勢湾台風記念館にて）

写真4-12　東日本大震災の津波の記憶をとどめる石碑

（岩手県釜石市の寺院にて）

防災や減災のため、意見交換し、平常時から防災意識を持ち、自主防災組織の仲間を増やすとともに後世に引き継ぐよう、取り組む。

このほか、市町村と連携し、被災者の生活再建や被災地の復旧・復興を終えたら災害の発生の原因と復旧・復興の結果について振り返り、報告書などとして記録、後世に伝え、再発防止に努めたい。なぜなら、明治、昭和、そして、平成と三度にわたって起きた三陸沖地震にみられるように、過去、同じような災害を各地で繰り返して受けているにもかかわらず、多くの国民・住民はその貴重な体験を時代の流れとともに忘れ、風化しつつあるほか、再発の場合、少しでも被災者を食い止め、だれでもどこででも住み慣れた地域でいつまでも健康で、かつ安全・安心な防災福祉コミュニティの形成に取り組む必要があるからである（写真4―11、写真4―12）。

【注】

（1）一般に瓦礫といわれているが、被災者にとっては家具などの愛用品である。

終章　共助

1　被災地の視察や観光

最後に、共助は、被災地以外の有志が被災地で災害の遭難碑や震災遺構の視察、周辺の名所の観光、および瓦礫の撤去や水田の掘り返し、災害対策本部、災害ボランティアセンター、コミュニティカフェの設置・運営の協力、義援金や支援金、生活用品の送付などの支援である(1)。

このうち、遭難碑や震災遺構の視察、周辺の名所の観光は、旅行社や地元の自治体、NPOなどが実施しているパッケージツアーを利用したり、居住する自治体や大学、自主防災組織が公募、関係者が被災地の自治体や社協、商店街などの協力を得たりして行う自主企画のツアーである。

たとえば、自主企画のツアーでは立命館大学校友会および学校法人立命館は東日本大震災後、同大学の卒業生から被災地への視察団を派遣するため、その資金を募金するとともに2013

（平成23）年度から卒業生有志に参加を募り、岩手、宮城、福島3県の被災地に2泊、チャーターしたバスで遭難碑や震災遺構、周辺を観光する「東北応援ツアー」を実施、毎年、計約１００人が参加しており、夕食会で交流も図っている。

筆者もその一人で、これまで岩手、福島コースに計2回参加、30～80歳代の同窓生と一緒に、津波に襲われ、多くの犠牲者を出した岩手県宮古市田老地区の「万里の長城」といわれている防潮堤のかさ上げ工事の現場などを視察した（写真終—1）。

写真終－1　津波に襲われ、かさ上げされた「万里の長城」

（岩手県宮古市田老地区にて）

とりわけ、岩手コースでは地震と津波に襲われ、全線不通となったものの、政府や岩手県、社員らの補助や募金により、２０１４（平成26）年、全線が開通した。そこへ、ＮＨＫ総合テレビの朝ドラ「あまちゃん」の舞台になったことで、全国から視察団が殺到。復旧した第三セクター、三陸鉄道（北リアス線：宮古—久慈間71・0キロメートル、南リアス線：盛岡—釜石間36・6キロメートル）の視察では同社社員が貸切電車に同乗、当時の被災状況やその後の様子を紹介し、好評を得ている。

ただし、その後、過疎化に伴う沿線住民の減少も手伝

写真終－2①　視察団や観光客で人気の三陸鉄道

（三陸鉄道田野畑駅にて）

写真終－2②　視察団に地元の復旧・復興の状況を紹介する社員

（三陸鉄道の車内にて）

い、通勤・通学客をはじめ、視察団も減少しており、経営の危機を招いている（写真終－2①、写真終－2②）。

また、福島コースで訪れた同県いわき市では、被災者が津波で被災した近海で水揚げした水産物を漁港周辺の市場や仮店舗、広場で販売、視察や観光で訪れた親子連れや視察団などが購入し、生活再建にエールを送るなど、今後、地元や周辺で想定されている首都直下地震や南海トラフ巨大地震に対する防災や減災への備えを学んだりしている。

また、被災地によっては地元のＮＰＯが観光物産展やウェブサイトによる特産物の通信販売、ふるさと納税などを通じ、地域再生に取り組んでいる。

たとえば、岩手県岩泉町の乳業メーカーは「世界遺産」の龍泉洞の清冽《せいれつ》な水を化粧水の原料に新商品を開発し、好評を博しており、観光客の呼び込みにつながっている。

また、ふるさと納税の返礼品としても利活用したり、東京などで観光物産展を開催、販売の促進や地場産業の再生に努めているところもある。さらに、現地の避難所や仮設店舗、施設、病院などでコミュニティカフェや相談コーナー、写真や絵画、生け花、映画などの作品の展示コーナーを設け、被災者を激励している取り組みもある(写真終―3)。

写真終-3 農産物を観光客に即売する被災農家

(福島県いわき市にて)

2 瓦礫の撤去や田畑の掘り返し

被災地での瓦礫の撤去や田畑の掘り返しも共助の一つであるため、被災地の自治体や社協のホームページでこのようなボランティアを受け付けているか、確認したうえ、個人的に宿泊先を手配し、食料や飲料水をはじめ、ヘルメットやゴーグル、防塵マスク、ゴム手袋、軍手、長袖、長ズボン、長靴を用意し、駆けつけてもよい。このような災害ボランティアの多くは一般のサラリー

写真終−4　水田を掘り返す災害ボランティアの人たち

（東日本大震災被災地・仙台市のボランティア先にて）

マンや学生などがほとんどだが、姉妹都市として協定を結んでいる自治体のなかには災害ボランティアを公募し、マイクロバスを仕立てたり、交通費や現地の滞在費、ボランティア保険の加入を斡旋《あっせん》しているところもある。

また、医師や看護師、救命救急士などの専門職はＪＭＡＴ（日本医師会災害医療チーム）を編成し、現地で被災者のケアに努めている被災地もある。さらに、写真家や美術家、ＩＴＣ（情報通信技術）に長《た》けた若者などが被災地に移住したり、サラリーマンが退職を機に被災した生まれ故郷にＵターン、老親や兄弟、姉妹、親戚、友人、知人を支援したり、企業や大学のなかには職員や教員、学生が休暇を利用し、災害ボランティアに関わる場合、出張や授業の出席扱いとしているところもある。

筆者が勤める武蔵野大学もその一つで、毎年、東日本大震災で津波に襲われた仙台市宮城野区などの被災地で瓦礫の撤去や水田の掘り返しに協力するため、交通費や滞在費、作業服、ボランティア保険を用意し、２泊３日の災害ボランティアを随時、派遣している。

そこで、筆者も学生とともに瓦礫の撤去や田畑の掘り返しに努め、他の大学の学生や一般のサラリーマンと一緒に被災者と交流、意見交換するなど有意義な時間を過ごすことができた（写真終―４）。

３　災害対策本部や災害ボランティアセンターの支援

自治体の災害対策本部や社協の災害ボランティアセンターの設置・運営などへの支援の場合、災害ボランティアは仲間の支援をＳＮＳで公募したり、支援物資の受け入れや仕分け、配給に協力する活動を行う。

具体的には、災害ボランティアを受け入れた災害対策本部ではそれぞれの役割を分担、支援に協力をもらっているが、毎日、これらの活動の結果を振り返り、その日の成果と課題を日誌に記録、翌日のボランティア活動の目標を立てて申し送りをする。さらに、年報にまとめ、自治体や消防署、自主防災組織などに報告、今後の防災や減災に生かしている。

写真終−5　支援物資の仕分けや配給のあり方を協議

（東日本大震災被災地・仙台市のボランティア先にて）

なお、一口に支援物資といっても乾パンや缶詰、レトルト食品などの食料や飲料水、トイレットペーパー、汚物処理セット、段ボール、携帯トイレ、簡易トイレ、消臭剤、固形剤、ポリ袋、ショッピングバッグ、リュックサック、スーツケース、テント、ポンチョなどとさまざまである。

また、これらの種類や賞味期限、被災者が必要としているものかどうかを確認し、そのニーズとのミスマッチを招かないよう、注意したい（写真終−5）。

4　義援金・支援金や支援物資の送付

間接的な共助では被災者に義援金や支援金、生活用品を送る方法もある。

このうち、義援金や災害等準備金は同募金の赤い羽根共同募金、支援金は被災者生活支援法にもとづき、政府が大規模災害の被災者に支給する生活再建資金、および各都道府県が万一に備え、積み立てている基金が中心だが、企業など民間事業者のなかには大手コンビニチェーンのように一般財団法人を窓口に社員や顧客を対象に義援金を受け付け、被災者や被災地に送金し、生活再建や復興資金の調達に充ててもらっているところもある。

ちなみに、熊本地震や2017（平成29）年、M6・6、最大震度6弱を記録したものの、死者・行方不明者は出ず、建物の全壊16棟、半壊251棟の被害で済んだ鳥取県中部地震、および前年の新潟県の糸魚川《いといがわ》大火の際、政府は被災者1世帯当たり50万～300万円の生活・住宅再建資金を支給した。また、東日本大震災では復興事業の資金の一つとして復興債を発行し、

写真終-6　街頭募金で義援金や支援金を募金することも

（東京都新宿区のJR目白駅前にて）

国民にその購入を啓発、有志がこれに応えて購入、支援に当たった。

筆者もその一人で、300万円分の国債を購入、被災地の復旧・復興、生活再建に生かしてもらえればと、ささやかな共助とさせてもらった。

一方、津軽海峡を隔てた30キロメートル沖の青森県大間町《おおままち》でJ−POWER（電源開発）が建設中の大間原発に対し、住民の生命や財産、生活を守るべく、差し止めを提訴している函館市は、ふるさと納税への寄付金の一部を裁判費用に充て、再稼働を認めない取り組みをしている。また、このような裁判の費用に充ててもらおうと、各地で街頭募金への協力を呼びかける市民団体も少なくない（写真終―6）。

変わったところでは、東日本大震災の津波により護岸が破壊されたり、かさ上げ工事や農地、漁区の復旧・復興事業に伴い、仙台市宮城野区や岩手県大槌町などの沿岸部で絶滅危惧《きぐ》種に指定されている生物が激減、新たな生物が生息し、周辺の生態系に影響を及ぼすとして自治体や研究者の調査に協力していることも報じられている。

5　観光・学校行事による「広域災害」への対応など

このようななか、自治体のなかには今後の「広域災害」を憂慮し、災害時、職員や災害ボランティアを被災地に派遣し、被災者の救援や瓦礫の撤去、田畑の掘り返し、支援物資の仕分け・配給などに協力し合うべく、災害時相互応援協定や受援協定を結んでいるところが増えている。また、これに併せ、自治体や社協の職員はもとより、児童生徒や学生が観光や林間・臨海学校などの学校行事で現地に出かけ、友人や知人をつくり、災害時、これらの地域への分散避難、あるいは近隣への集団避難、県外移転を考えた後方支援を要請しておくことも考えたい。

具体的には、現地のコミセンや公民館、学校、NPOや企業など民間事業所の自社ビルや工場、社宅、古民家、空き家を帰宅困難者向けの仮り宿としたり、最寄りのホテルや旅館、ペンション、民宿、寺院の宿坊などに優先的に宿泊できるよう、協定を結んでおく。

たとえば、群馬県と新潟県は災害時相互応援協定および受援協定を結び、災害時、応援要員の派遣をはじめ、支援物資の提供や医療機関・福祉施設への被災者の受け入れ、火葬場や屎尿《しにょう》処理施設の提供・斡旋、災害対策本部や避難所の運営、食料や飲料水、毛布、簡易トイレなど支援物資の受け入れ・仕分け・配給、被災者への罹災証明書の発行、建物の被害の調査などについて協力し合うことになっている(2)。

また、東京都八王子市は神奈川県小田原市や埼玉県寄居《よりい》町と災害時相互応援協定を結び、大規模災害の際、食料や飲料水、洗面用具などを提供し合うほか、復旧に必要な職員の派遣、被災者への住宅の提供などを行うことになっている。

写真終−7　新潟県と相互応援協定を結んでいる群馬県

（渋川市広域消防本部にて）

一方、茨城県東海村の日本原子力発電東海第二原発に近い水戸市は群馬県前橋、太田、高崎、桐生、伊勢崎、館林、みどり市、邑楽《おうら》町の8市町と受援協定を結び、原発事故で県外へ避難する必要がある場合、それぞれ避難所を設置、原則として約1か月間、避難者を受け入れ、同市はこの間、各種支援物資や防災資機材、住民の県外広域避難に要した費用を負担することにしている（写真終−7）。

しかし、多くの自治体ではまだそこまで進んでいない。肝心の住民のほとんどが毎年実施している防災訓練に参加し切れておらず、訓練もセレモニー化しつつある。

それだけではない。「平成の大合併(3)」により、編入合併した旧市町村では行政機能の縮減に伴い、住民の自助や互助に頼らざるを得ないところもある。

これに対し、岩手県遠野市は東日本大震災の際、社協やNPOと連携、陸前高田、大船渡、釜石市の被災者を後方支援、「遠野モデル」として高く評価されている(4)（写真終−8、図表終−1）。

写真終−8　東日本大震災の被災地を後方支援した遠野市

（遠野市総合防災センターにて）

　また、東京都港区の六本木ヒルズのように自社ビル内に災害用井戸や食料・飲料水の備蓄倉庫、防災用社宅を併設、災害時、社員だけでなく、社外の帰宅困難者も保護する避難ビルとして協力する事業者もある。このほか、ＪＲ東日本は同震災の際、帰宅困難者を駅構内から締め出し、ひんしゅくを買ったことを反省し、災害時には駅構内を開放するとともに地下に食料や飲料水を備蓄し、帰宅困難者を保護することになった。

　ちなみに、日本土木学会によると、今後、30年以内にＭ７～８クラス、震度６から７弱の大規模地震が想定される南海トラフ巨大地震や首都直下地震の際、最悪の場合、被災後、20年間の経済的な被害は１２４０兆～７３１兆円と試算されているが、今後、建物の耐震化や道路の

図表終−1　被災地を後方支援する「遠野モデル」

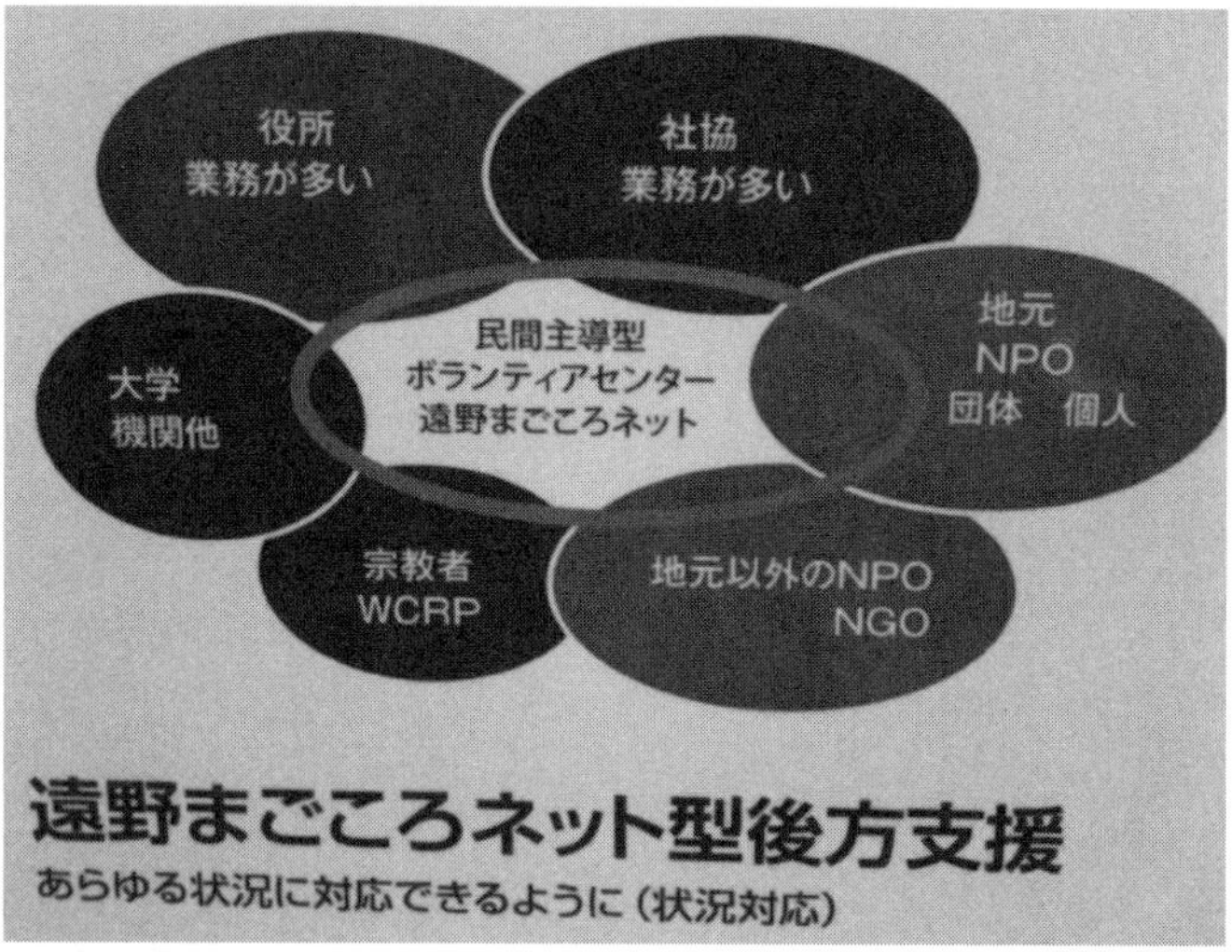

（遠野市総合防災センターにて）

整備などによっては全体の4割程度減らすことができると警告している(5)。

このような折、政府は2019年4月、災害時、仮設住宅の整備や支援物資の受け入れや仕分け、配給など被災者の支援の権限について、都道府県から政令指定都市に移譲する災害救助法を改正、施行するなか、関係自治体にあっては災害時相互応援協定や受援協定を結んでいる。また、一般避難所と福祉避難所における避難者の受け入れの仕分けや連携、大都市部におけるサラリーマンなどの帰宅難民をはじめ、防災および福祉行政に従事する職員を〝通勤難民〟とさせず、被災状況の迅速な把握や住民への災害情報の迅速な提供、避難の誘導、関係機関との情報共有、救助、捜索、避難誘導など被災者への対応、さらには避難生活への支援を迅速、かつ的確に行うべく、職員住宅の整備や民間の集合住宅の借り受けを検討しているところもある。

一方、総務省統計局の「社会生活基本調査」によると、2010（平成22）年10月から翌2011（平成23）年10月にかけ、被災地などでボランティアに関わった国民は延べ約431万7000人と5年前の2006（平成18）年の132万人に比べ、約3倍に急増している(6)。もっとも、肝心の政府は「想定外」といった言葉に象徴されるように、災害対策は相変わらず後手に回っているなど、公的責任としての公助は縮減され、ボランティアや地域福祉、地域包括ケアシステムの推進・強化などを通じ、住民や他地域の有志による自助や互助、共助の取り組みを強調していることに注意する必要があることはいうまでもない。

そこで、市町村の地域福祉計画と地域防災計画、さらには市町村社協の地域福祉活動計画を精査し、次期改定の際、一体的に策定、限られた人材や施設、財源を災害対策や社会保障に優先的に配分し、だれでもどこででも住み慣れた地域でいつまでも健康で、かつ安全・安心な防災福祉コミュニティの形成に取り組むことが必要である。

また、国民・住民も観光などの際、単に物見遊山で行くのではなく、可能な限り現地の住民と交流を図ったり、生まれ故郷や現役時代に世話になった関係者とその後も消息を知らせ合い、災害時、広域避難者として受け入れてくれるよう、また、「相互支援」が可能とすべく、心がけた

写真終−9　別荘や貸別荘でダブルチエック

（山梨県八千穂町の八ヶ岳山麓にて）

い。このほか、筆者のように自宅とリゾート地の二重生活を長く送っている場合、現地で静養するだけでなく、「広域災害」による避難の際、「相互支援」が可能となるよう、日ごろから地元の住民などとの人間関係を大切にするなどダブルチェックしておきたい（写真終−9）。

いずれにしても、世界にまれにみる〝災害列島〟に住むべき宿命にある以上、先人たちの悲惨な災害の体験を振り返り、それを遺訓や教訓とし、平常時から防災や減災に関心を寄せ、持続可能な地域、さらには国づくりを後世に引き継ぐべきである。そのためにも国民主権、基本的人権の尊重、平和主義を三大原則とする日本国憲法にもとづき、平和の追求と人権の尊重、防災福祉文化の醸成、社会福祉の普遍化、〝縦割り行政〟の是正、自立と連帯により、政府および自治体の公的責任としての公助をベースにしながらも、国民・住民も自助、互助、共助に努めて防災福祉コミュニティを形成し、さらには防災福祉国家の樹立をめざさなければならない。

今から約230年前の江戸後期、浅間山「天明の大噴火」の被災地、上野国吾妻郡鎌原村のわずかの生存者による自助、およびその家族や領民による互助、近隣の村の名主による共助、幕府や藩による公助からなるベストミックスの結果、見事に復旧・復興し、かつ明治期、周辺の10の村と合併し、今日、日本一の高原キャベツ村として全国に知られるようになった群馬県吾妻郡嬬恋村鎌原地区の発展がそれを教えているからである。

【注】

(1) 政府や自治体、社協は近年、従来の互助を唐突に「共助」とするなどこれらの概念を同様に概念づけているが、公助、自助、互助の本来の概念は江戸時代、米沢藩主、上杉鷹山が藩の扶助(公助)、領民の自助と互助によって藩政を改革した評価を指し、「三助論」された史実にもとづくものであり、共助の概念はその後、浅間山「天明の大噴火」被災地における近隣の名主の支援など被災地以外の国民・住民による義援金や支援金、生活用品の送付などの支援、災害ボランティアというべきである。くわしくは拙著『地域福祉源流の真実と防災福祉コミュニティ』大学教育出版、2016年。

(2) 前出『防災福祉のまちづくり』。

(3) 拙編著『市町村合併と地域福祉』ミネルヴァ書房、2007年。

(4) 前出『防災福祉のまちづくり』。

(5)「朝日新聞」2018年6月8日付など。
(6)総務省ホームページ「災害ボランティア活動を行った人の状況」2015年。

参考文献

(1)宇佐美龍夫『地震と情報』岩波書店、1974年。
(2)拙著『防災福祉のまちづくり』水曜社、2017年。
(3)拙著『地域福祉源流の真実と防災福祉コミュニティ』大学教育出版、2016年。
(4)拙著『地方災害と防災福祉コミュニティ』大学教育出版、2018年。
(5)拙著『大都市災害と防災福祉コミュニティ』大学教育出版、2018年。
(6)榛沢和彦監修（共著）『避難所づくりに活かす18の視点』東京法規出版、2018年。
(7)拙著『地域福祉とソーシャルガバナンス』中央法規出版、2007年。
(8)東京都『東京防災』2015年。
(9)千葉県浦安市「防災のてびき」2016年。
(10)東京都調布市「防災手帳」2017年。
(11)静岡県「避難所運営マニュアル」2007年。
(12)静岡県「地震対策資料 no.174［地震災害 避難生活の手引き］」1998年。
(13)月刊『地方自治職員研修』編集部編『東日本大震災と自治体』『地方自治職員研修』臨時増刊号97、公職研、2011年。
(14)東京都練馬区「食と防災」2014年。
(15)東京都防災指導協会「応急手当の手引き」1991年。
(16)平凡社「生き残り術」『太陽8−2』1981年。

(17) ドコモ『防災ハンドブック』2015年。
(18) 内閣府編『防災白書（各年版）』。
(19) 兵庫県社会福祉協議会『大震災と社協』阪神・淡路大震災社会福祉復興本部、1996年。
(20) 萩原幸男編『災害の事典』朝倉書店、1992年。
(21) 警視庁交通部監修・東京都交通安全協会編『安全運転のしおり』2016年。
(22) 有馬哲夫『原発と原爆』文藝春秋、2012年。
(23) 東京都『東京くらし防災』2018年。

おわりに

賢明な読者諸兄姉は本書を一読され、日本がいかに〝災害列島〟であるか、また、日本の政治、経済などのシステムが相変わらず集権国家で、私たちの食を守る農業や林業、水産業などの第一次産業の育成や安全・安心なまちづくりよりも対米従属で、かつ政官財の癒着による土建型公共事業、および東京、大阪、名古屋の三大都市圏を中心とした製造業やＩＴ産業、インフラの振興・整備の方が優先され、地方は過疎化し、災害対策や社会保障に至っては二の次、三の次とされていることが改めてよくおわかりではないか。

それだけではない。総務省消防庁によると、自主防災組織は２０１６（平成28）年4月現在、全国に約16万あるが、参加している国民・住民は60～70歳代の高齢者がほとんどで、現役世代や学生など若者の参加が少ない。消防団員も戦後間もないころ、２００万人を超えていたが、同月現在、約85万人に減ってしまっているとのことである。

また、内閣府が同年、全国の15歳以上の国民1万人を対象に実施した「日常生活における防災に関する意識や活動についての調査」結果によると、災害への備えに「十分に」、または「できる範囲で」取り組んでいると回答した人は全体の37・8％と約3分の1にすぎない。しかも、このような傾向は若年層になるにつれて低くなることもわかった。

これらを考え併せると、地方は少子高齢化や人口減少が著しく、このままでは限界集落になるところもあるが、災害対策も都市部に比べ、地方はイマイチである。なぜなら、災害対策は首都直下地震や南海トラフ巨大地震には熱心だが、日本海地震や火山災害は軽視される傾向にあるからである。まして原子力災害にあってはそのエネルギーは圧倒的に都市部に供給、消費されているにもかかわらず、立地は地方、それも寒村がほとんどである。

このような〝地域差別〟があってよいわけがない。それは何も日本国憲法が国民主権、基本的人権の尊重、平和主義を三大原則とし、かつ生存権の保障と地方自治の本旨が定めているというだけでなく、だれでもどこでも住み慣れた地域でいつまでも健康で、かつ安全・安心な生命や財産、生活が保障されなければならないからである。

このようななか、地震予知は所詮、不可能なため、年間３００億円前後もの予算を計上しているのはいかがなものかなど、さも無駄とでもいいたげな極論も聞かれているが、〝災害列島〟という宿命のもと、いつ、どこで地震や津波、風水害、火山噴火、果ては原子力災害があるかもしれないのである。

そこで、災害対策は政府と自治体の公的責任としての公助が基本でありながら、だれでもどこでも自助や互助、共助による災害への備えと災害時の行動、減災に取り組み、防災福祉コミュニティを形成するため、まとめたものが本書である。

同時に、拙著は『地域福祉源流の真実と防災福祉コミュニティ』『地方災害と防災福祉コミュニティ』『大都市災害と防災福祉コミュニティ』の実践編として、読者諸兄姉がその自助、互助、共助の一助として参考にしていただければ著者としてこれにまさる喜びはない。

なお、本書ではテロや武力攻撃など有事に対する災害対策は前出『大都市災害と防災福祉コミュニティ』で述べているため、こちらを参照していただきたい。

最後に、本シリーズの最終編の上梓を終えるにあたり、東日本大震災および東京電力福島第一原発事故などの被災地の視察や災害ボランティアの機会を与えていただいた立命館大学校友会・学校法人立命館、武蔵野大学など関係者の各位に深く感謝したい。

２０１８（平成30）年　初秋

川村　匡由

資料　チェックリスト

1．備　品

□居間（テレビ・家具・照明器具・火災警報器・カーテン・エアコン・暖房器具の固定・窓ガラスの飛散防止など）
□書斎（本棚・照明器具の固定・窓ガラスの飛散防止・カーテンの防災加工など）
□寝室（家具の固定・窓ガラスの飛散防止など）
□台所（食器棚・ガラス食器・家具の固定・重量物の下部置き・簡易消火器の常備・ガラス製品の固定・食堂テーブルへの避難スペースの確保など）
□廊下（段差の解消・つかまり棒の設置・階段への手すりの取り付けなど）
□玄関（スリッパ・避難用靴・長靴・雨具・折りたたみ傘・合羽・合鍵・非常用持ち出し袋・連絡帳の常備・避難通路の確保など）
□納戸（非常飲料水・ペットボトルの備蓄など）
□自宅の耐震診断・補強、災害時避難場所・避難所の確認、避難先の確保など
□飲料水（1人1日当たり3リットル×家族数×1週間分）
□食料（レトルト食品、缶詰。1週間分）
□食器（紙製品・プラスチック）
□サランラップ・アルミホイル・ポリ手袋
□ナイフ・缶切り・栓抜き
□カセットコンロ・ボンベ
□梱包用ひも・風呂敷
□レジ袋・ごみ袋・ポリ袋
□ポリタンク（給水用15～200リットル用）
□はさみ、カッター
□着換え（衣類・下着・夏・冬用）
□洗面・風呂セット
□新聞紙
□トイレットペーパー・ティッシュペーパー
□ろうそく・マッチ・ライター
□アウトドアグッズ（簡易テント・ヤッケ・寝袋・ランプなど）
□呼び笛

□ハンマー・スコップ
□ヘッドバンド付きライト
□のこぎり・バール・ジャッキ・ハンマー・斧
□ロープ・縄ばしご
□消火器
□その他（自動販売機・コンビニエンスストア・スーパーマーケット・木造住宅密集地・高層マンション・オフィスビル・商店街・災害時避難場所・避難所・学校・公民館・体育館・公園・震災用井戸ブロック塀・急傾斜地・山・崖・河川・港湾・海浜・コンビナート・活火山・原発・基地・溜池・側溝・ダムの有無など）

2．非常用持ち出し袋

□財布
□クレジットカード
□預金通帳
□印鑑
□被保険証（保険証）
□メガネ・コンタクトレンズ
□常備薬・お薬手帳
□携帯電話・充電器
□非常食（1週間分）
□非常飲料水・ペットボトル（同）
□懐中電灯・電池
□携帯ラジオ・電池
□マスク
□ヘルメット・防空頭巾
□軍手
□スリッパ
□衣類・下着
□使い捨てカイロ
□防寒着・長靴・折りたたみ傘・合羽
□毛布・タオル・洗面用具

- □簡易トイレ
- □医療品（ばんそうこう・包帯・消毒液など）
- □筆記用具（油性ペン・メモ帳・ノートなど）
- □パソコン（USB・充電器など）
- □サバイバルシート
- □ウェットティッシュ
- □モバイルバッテリー
- □チョコレート
- □その他（生理用品・紙おむつ・ほ乳びん・大人用紙おむつなど）

3．連絡カード

- □氏名
- □生年月日
- □血液型
- □住所
- □電話番号（固定・携帯）
- □メールアドレス
- □マイカーナンバー
- □自動車運転免許証
- □被保険証（保険証）番号
- □基礎年金番号
- □マイナンバー
- □パスポートナンバー
- □クレジットカード
- □金融機関カード
- □クレジットカード
- □生命保険番号
- □損害保険番号
- □常備薬・アレルギー・持病
- □かかりつけ医
- □家族集合場所
- □その他

4．主な防災関係官庁

□内閣府
□国土交通省
□総務省消防庁
□都道府県
□市町村
□消防署
□その他

5．災害種別避難誘導標識システムで使用する図や記号

（1）避難場所

（2）避難所

（3）洪水・内水氾濫

（4）高潮・津波

（5）高潮・津波避難場所

（6）高潮・津波避難所

（7）土石流

（8）崖崩れ・地滑り

（9）大規模火災

（出典：内閣府HP、2017年）

6．障害者などに関するマーク

名称	概要等	連絡先
【障害者のための国際シンボルマーク】 	障害者が利用できる建物、施設であることを明確に表すための世界共通のシンボルマークです。マークの使用については国際リハビリテーション協会の「使用指針」により定められています。 駐車場などでこのマークを見かけた場合には、障害者の利用への配慮について、御理解、御協力をお願いいたします。 ※このマークは「すべての障害者を対象」としたものです。特に車椅子を利用する障害者を限定し、使用されるものではありません。	公益財団法人日本障害者リハビリテーション協会 TEL：03-5273-0601 FAX：03-5273-1523
【障害者のための国際シンボルマーク】 	肢体不自由であることを理由に免許に条件を付されている方が運転する車に表示するマークで、マークの表示については、努力義務となっています。 危険防止のためやむを得ない場合を除き、このマークを付けた車に幅寄せや割り込みを行った運転者は、道路交通法の規定により罰せられます。	警察庁交通局、都道府県警察本部交通部、警察署交通課 警察庁 TEL：03-3581-0141(代)

名称	概要等	連絡先
【聴覚障害者標識】 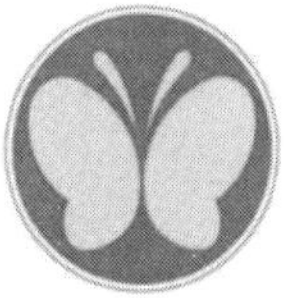	聴覚障害であることを理由に免許に条件を付されている方が運転する車に表示するマークで、マークの表示については、義務となっています。 危険防止のため、やむを得ない場合を除き、このマークを付けた車に幅寄せや割り込みを行った運転者は、道路交通法の規定により罰せられます。	警察庁交通局、都道府県警察本部交通部、警察署交通課 警察庁 TEL：03-3581-0141（代）
【盲人のための国際シンボルマーク】 	世界盲人会連合で1984年に制定された盲人のための世界共通のマークです。視覚障害者の安全やバリアフリーに考慮された建物、設備、機器などに付けられています。信号機や国際点字郵便物・書籍などで身近に見かけるマークです。 このマークを見かけた場合には、視覚障害者の利用への配慮について、御理解、御協力をお願いいたします。	社会福祉法人日本盲人福祉委員会 TEL：03-5291-7885

名称	概要等	連絡先
【耳マーク】	聞こえが不自由なことを表す、国内で使用されているマークです。聴覚障害者は見た目には分からないために、誤解されたり、不利益をこうむったり、社会生活上で不安が少なくありません。 このマークを提示された場合は、相手が「聞こえない」ことを理解し、コミュニケーションの方法への配慮について御協力をお願いいたします。	一般社団法人全日本難聴者・中途失聴者団体連合会 TEL：03-3225-5600 FAX：03-3354-0046
【ほじょ犬マーク】	身体障害者補助犬同伴の啓発のためのマークです。身体障害者補助犬とは、盲導犬、介助犬、聴導犬のことを言います。「身体障害者補助犬法」が施行され、現在では公共の施設や交通機関はもちろん、デパートやスーパー、ホテル、レストランなどの民間施設でも身体障害者補助犬が同伴できるようになりました。 補助犬はペットではありません。体の不自由な方の、体の一部となって働いています。社会のマナーもきちんと訓練されて	厚生労働省社会・援護局障害保健福祉部企画課自立支援振興室 TEL：03-5253-1111（代） FAX：03-3503-1237

名称	概要等	連絡先
	いるし、衛生面でもきちんと管理されています。お店の入口などでこのマークを見かけたり、補助犬を連れている方を見かけた場合は、御理解、御協力をお願いいたします。	
【オストメイトマーク】	人工肛門・人工膀胱を造設している人（オストメイト）のための設備があることを表しています。オストメイト対応のトイレの入口・案内誘導プレートに表示されています。 このマークを見かけた場合には、そのトイレがオストメイトに配慮されたトイレであることについて、御理解、御協力をお願いいたします。	公益財団法人交通エコロジー・モビリティ財団 TEL：03-3221-6673 FAX：03-3221-6674
【ハート・プラスマーク】	「身体内部に障害がある人」を表しています。身体内部（心臓、呼吸機能、じん臓、膀胱・直腸、小腸、肝臓、免疫機能）に障害がある方は外見からは分かりにくいため、様々な誤解を受けることがあります。	特定非営利活動法人ハート・プラスの会 TEL：080-4824-9928

名称	概要等	連絡先
	内部障害の方の中には、電車などの優先席に座りたい、近辺での携帯電話使用を控えてほしい、障害者用駐車スペースに停めたい、といったことを希望していることがあります。 このマークを着用されている方を見かけた場合には、内部障害への配慮について御理解、御協力をお願いいたします。	
【障害者雇用支援マーク】	公益財団法人ソーシャルサービス協会が障害者の在宅障害者就労支援並びに障害者就労支援を認めた企業、団体に対して付与する認証マークです。 障害者の社会参加を理念に、障害者雇用を促進している企業や障害者雇用を促進したいという思いを持っている企業は少なくありません。 そういった企業がどこにあるのか、障害者で就労を希望する方々に少しでもわかりやすくなれば、障害者の就労を取り巻く環境もより整備されるのではないかと考えます。	公益財団法人ソーシャルサービス協会 ITセンター TEL：052-218-2154 FAX：052-218-2155

名称	概要等	連絡先
	障害者雇用支援マークが企業側と障害者の橋渡しになればと考えております。御協力のほど、宜しくお願いします。	
【「白杖SOSシグナル」普及啓発シンボルマーク】 （社会福祉法人日本盲人会連合推奨マーク）		

（出典：内閣府ＨＰ、2017年）

７．ウェブサイト

（１）災害被害を軽減する国民運動

＊全国で取り組まれている活動の事例や災害の写真、映像、防災の知識を高める。

情報　http://www..bousai.go.jp/km/inndex.html

（２）防災シミュレーター

＊震度６強の体験や自宅のチエック、揺れ方、災害想定シナリオなどのツール。

http://www..bousai.go.jp/km/inndex.html

（3）日本道路交通情報センター
＊高速道路や幹線道路などの渋滞や事故の情報がわかる。
http://www..jartic.or.jp/
（4）気象庁
＊災害に関する気象情報がわかる。
http://www.jma.go.jp/
（5）JR東日本お問い合わせセンター
＊JR東日本管内の新幹線、在来線などの運行状況がわかる。
http://www..jreast.co.jp/
（6）災害用伝言ダイヤル
＊災害用伝言ダイヤルの利用ができる。
http://www..web171.jp/
（7）国土交通省の防災情報
＊河川防災情報災害用伝言ダイヤルの利用ができる。
http://www.river.go.jp/
（8）心止村湯けむり事件簿
＊日本循環器学会が公開している心肺停止への対応をサスペンスドラマの動画を通じ、伝授している。
http://aed-project.jp/suspence-drama/
（9）兵庫県耐震工学研究センター
＊防災科学技術研究所のHPで、耐震性の低い木造住宅の建物が震度6強の地震で倒壊したり、傾いたりする様子を再現。
http://www.bousai.go.jp/hyougo/index.html/
(10) ユーチューブ
＊過去の大地震と同程度の揺れで建物や室内がづなるか、動画でみられる。
http://www.youtube.com/user/C2010NIED
(11) 揺れやすい地盤
＊朝日新聞のデジタル。
http://www.asahi.com/special/saogai_jiban/

（12）防災情報のページ
＊内閣府のあらゆる災害情報や防災対策などの情報が満載。
http://www.bousai.go.jp/
（13）全社協
＊災害ボランティア情報
http://www.saigaivc,com/
（14）総務省消防庁
＊消防情報
http://www.fdmago.jp/
（15）ＮＨＫ
＊災害情報
http://www.3.　nhk.or.jp/
（16）ＮＴＴドコモ
＊安否確認ツール
http://www.nttdocomo.co.jp/info¥disaster/

■著者略歴
川村　匡由（かわむら　まさよし）
1969年、立命館大学文学部卒、1999年、早稲田大学大学院人間科学研究科博士学位取得、博士（人間科学）。
現　在　社会保障学者・武蔵野大学名誉教授、福祉デザイン研究所所長、地域サロン「ぷらっと」主宰。行政書士有資格者。山岳紀行家。

主な著書
『地域福祉源流の真実と防災福祉コミュニティ』『地方災害と防災福祉コミュニティ』『大都市災害と防災福祉コミュニティ』（以上、大学教育出版）、『防災福祉のまちづくり』（水曜社）、『避難所づくりに活かす18の視点（共著：別冊「地域保健」）』（東京法規出版）、『脱・限界集落はスイスに学べ』農文協、『介護保険再点検』ミネルヴァ書房、『地域福祉とソーシャルガバナンス』（以上、中央法規出版）『改正介護保険サービス・しくみ・利用料がわかる本（2018～2020年版：監修）』自由国民社、『人生100年“超”サバイバル法』久美出版ほか。

＊川村匡由のホームページ
http://www.geocities.jp/kawamura0515/

防災福祉コミュニティ形成のために　実践編
――公助をベースとした自助・互助・共助――

2018年12月15日　初版第１刷発行

■著　　者――川村匡由
■発 行 者――佐藤　守
■発 行 所――株式会社 大学教育出版
〒700-0953　岡山市南区西市855-4
電話（086）244-1268㈹　FAX（086）246-0294
■Ｄ Ｔ Ｐ――難波田見子
■印刷製本――モリモト印刷（株）

ISBN978-4-86429-990-9